아
름
답
다

아름답다

자립준비청년들의 '나'를 담은 에세이

마린보이 ─ 쏘양 ─ 태리 ─ 트리버 지음

템스토리

추천의 글

단숨에 읽었다. 슬픔이 감동으로, 아픔이 용기로, 절망이 희망으로 다시 태어나는 청년들의 이야기는 상상 이상으로 큰 감동을 주었다. 와, 최근 5년 이내에 읽은 책 중 으뜸이다.

내가 청년의 시간을, 인생을 다시 산다면 이토록 의미 있게 내 삶을 기록할 수 있을까? 이토록 진솔할 수 있을까? 절망 속에서도 희망을 건져 올릴 수 있을까? 나에게 질문을 던졌다. 부끄러웠다. 이십 대에 나는 내가 누구이며, 왜 태어났으며, 내 생명과 인생, 내가 겪은 고통과 시련에 어떤 의미를 부여할지 알지 못했다.

이 책에 등장하는 청년들은 축복받았다. 내가 누구에게서 태어났든, 어떤 환경에서 자랐든 상관없이 '나답게', '당당하게' 살아가는 법을 터득했다는 건 축복이다. 이 책은 독자 제한이 없다. 내가 나를 잘 키워 내고 싶은 사람 모두에게 일독을 권한다.

_박상미
한양대학교 일반대학원 교수, 힐링캠퍼스 더공감 학장, 기아대책 마이리얼비전트립 단장

'담다'는 말은 어떤 물건을 그릇에 '넣는다'는 의미이다. 이 말을 인생의 관점에서 바라본다면 좋은 인생에는 두 가지 요소가 필요하다고 말할 수 있을 것이다. 그릇의 가치는 그 그릇에 무엇이 담겨 있는가에 따라 달라진다. 동시에 그릇에 담긴 내용물의 가치는 어떤 그릇에 담겨 있는가에 따라 정해진다. 이는 사람의 인생과 닮았다. 똑같은 시간을 살아도 어떤 생각과 가치를 '나'라는 그릇에 담는가에 따라 인생은 180도 달라진

다. 하지만 역시 무엇을 얼마나 많이 담는가보다 중요한 것은 그릇이다. 그릇의 크기보다 중요한 것은 그 그릇이 '깨끗한 그릇'인가 하는 것이다. 무엇이 그릇의 깨끗함을 결정하는가? 나는 '사랑'이라고 생각한다. 사랑은 때를 따라 다양한 모양으로 바뀐다. 누군가에게는 아직 이루어지지 않았지만 반드시 해낼 수 있다는 믿음으로, 또 누군가에게는 도저히 꿈꿀 수 없지만 그럼에도 불구하고 다시 꿈을 꾸고 나아가는 희망으로 말이다. 이 책에는 그런 사랑과 희망이 담겨 있다. 누군가 나로 인해 다시 사랑하고, 다시 희망을 품고, 다시 시작하고, 다시 도전하고, 다시 일어서도록 돕고 싶은 이타적인 마음, 상대방의 유익을 구하는 마음, 나로 인해 누군가가 행복하길 바라는 마음, 내가 사는 세상이 나로 인해 조금이라도 더 따뜻한 세상이 되길 바라는 마음…. 그것은 결국 사랑이다. 그 사랑의 출발점은 '나'를 온전히 사랑하는 것에서부터 시작한다. 자립준비청년들이 온전히 자기 자신을 발견하고, 사랑하고, 세상을 향해 그들의 목소리를 내기까지 많은 용기가 필요했을 것이다. 그러한 용기courage야 말로 그들이 용기case에 담아 세상에 줄 수 있는 가장 소중한 선물이다. 청년들의 아름다운 도전을 온 맘 다해 응원한다.

_전대진
『반드시 해낼 거라는 믿음』의 저자, 삶쟁이컴퍼니 대표

프롤로그

'아름답다'라는 말의 어원에 대한 설은 여러 가지가 있다. 그중 하나는 15세기의 문헌 석보상절에서 나온 것으로, 당시 수행자들은 '아름답다'라는 말을 '아답다'라고 표현했다고 한다. 여기서 '아'는 나를 뜻하는 한자 '아'我이다. 따라서 아름답다는 말은 '나답다'는 의미를 가진다. 즉 내가 나다울 때 가장 아름답다는 뜻이다. 우리는 이 책에 온전한 '나'를 '담고' 싶었다. 그래서 이 책의 제목을 『아름 담다』로 지었고, 자립준비청년들이 겪은 짧고 긴 이야기에 온전한 '나'를 담았다.

　이 책이 나오기까지 우여곡절이 많았다. 막상 책을 쓰려고 하니 어디서부터 써야 할지 결정하는 것도 어려웠고, 이렇게 투박한 글을 누가 읽어 줄까 싶은 걱정에 막막하기도 했다. 책 속 이야기가 우리 삶의 전부인 것처럼 보이면 어떡하나 하는 고민도 있었다. 그렇게 천천히 '나'를 돌아보며 글을 적어 나가면서, 어쩌다 잘 써지는 날은 웃고 한 줄도 못 쓰는 날은 울상이 되기도 했다.

그럼에도 불구하고 글쓰기를 포기하지 않은 이유가 있다. 자립준비청년이란 아동양육시설, 공동생활가정, 가정위탁 등의 보호를 받다가 만 18세가 되면 보호가 종료되어 홀로서기를 시작해야 하는 청년을 말한다. 예전에는 보호종료아동이라 불렸지만, 수동적인 표현이라는 의견이 있어 능동적인 느낌의 자립준비청년으로 불리게 되었다. 몇 해 전 어느 지역의 자립준비청년 두 명이 안타까운 선택을 한 사건이 발생했고 그로 인해 자립준비청년의 존재와 현실이 세상에 알려지게 되었다. 대부분의 자립준비청년들은 보호시설 출신임을 세상에 드러내지 않고 살길 원한다. 시설 아동, 고아 출신이라는 수식어를 달고 싶지 않기 때문이다. 시설에서 자랐다는 이유로 "부모가 없어 못 배워 그런다", "시설에 사니까 같이 어울려 놀지 말아라" 등의 말을 들어야 하는 아이들은 행동을 조심하고 눈치를 볼 수밖에 없다. 그리고 사회는 그것을 당연히 여기는 분위기였다. 이런 사회에서 자립준비청년이 자신의 과거를 숨기는 것은 어쩌면 당연한 일인지 모른다. 그래서 우리는 자립준비청년에 대한 고정관념과 시설 아동, 고아라는 프레임에서 벗어나 자립준비청년도 격려 받고 성장해야 할 평범한 청년들과 다르지 않다는 사실을 알려야 한다고 생각했다.

처음 해보는 쉽지 않은 도전이었지만, '나'를 담고 싶은 청년들이 모여 용기를 내주었고, 덕분에 혼자가 아니라 함께함으로

이 책이 나올 수 있었다.

　이제 우리를 알게 되실 모든 독자와, 특별히 우리와 같은 자립준비청년들에게 이 책을 바친다.

_저자를 대표하여 **쏘양**

차례

추천의 글 _ 4
프롤로그 _ 8

마린보이 담다 _ 14
마린보이에게 _ 38

쏘양 담다 _ 42
쏘양에게 _ 67

태리 담다 _ 78
태리에게 _ 87

트리버 담다 _ 92
트리버에게 _ 102

[　] 담다

건흡 담다	_ 108
나무 담다	_ 112
다솜 담다	_ 115
민교 담다	_ 118
용돌 담다	_ 122
장건 담다	_ 125
준이 담다	_ 128
에필로그	_ 134
저자의 말	_ 138

마린보이
담다

남들은 경험하기 어려운 삶을 살아낸 청년 마린보이, 본명은 김용민이다. '할머니의 병을 치료해 드려서 할머니와 함께 행복하게 보내기'를 목표로 승선을 결심했지만 예상치 못한 일을 만나 방황하면서 배에서 번 돈을 허랑방탕하게 써 버렸다. 그러면서 돈은 일시적인 쾌락을 줄 뿐 허무한 것임을 깨달았다. 하선 후 연고지를 벗어나 낯선 광주에 자리를 잡고 그 지역의 자립준비청년 커뮤니티인 '한울'에서 활동하고 있다. 최근에는 관심사였던 요리를 취미로 삼아 소소한 행복으로 '나'를 채우는 즐거움을 알아가고 있다.

준비

일곱 평 남짓 되는 방에서 할머니와 우리 다섯 남매는 한 이불을 덮고 잠을 잤어. 이불 한 장을 서로 덮겠다고 끌어당기고 싸우던 우리는 해남 땅끝 마을보다 밑에 있는 작은 섬 완도에 살았어. 이 이야기는 할머니와 함께 사는 다섯 남매 중 둘째인 내 이야기이야.

우리가 어릴 때 할머니는 늘 아침 일찍 일어나서 우리 다섯 남매를 학교와 유치원에 보내려고 새벽밥을 지으셨어. 그때 나는 고작해야 초등학교 1학년, 막내는 네 살이었어. 우리 다섯 남매는 아침부터 어린이집과 학교에 가려고 부랴부랴 준비를 하고 할머니가 만들어 주신 된장국을 후루룩 먹은 뒤 집을 나섰지.

나는 한 살 터울 형과 함께 세 여동생을 유치원에 데려다주고 난 다음에야 학교에 갔어. 학교는 집에서 50분이나 걸리는 거리에 있기 때문에 일찍 집을 나서야 했어. 학교는 언제나 가기 싫은 곳이었어. 부모님이 안 계신다는 이유로 항상 따돌림을 당했거든. 형은 그래도 고모들의 사랑을 받았지만 나는 집에서도 학교에서도 항상 무관심 속에 살아야 했지.

하루는 마음먹고 친구들에게 다가간 적이 있었어. 친구들이 삼삼오오 모여서 그림을 그리고 있었는데 나도 그림에는 자신이 있었거든. 하지만 친구들에게 다가가자, 친구들이 멀어지네. 나는 화가 났지만, 마음을 꾹꾹 누르며 친구들에게 조심스레 물어봤어.

"왜 나를 피해?"

그러자 친구들이 대답했어.

"엄마 없는 애랑은 안 놀아."

나는 애써 부정하고 싶었지만, 어느 순간 엄마가 없다는 이유로 따돌림을 당한다는 것에 스스로 설득됐어. 따돌림을 당해서 할머니한테 학교 가기 싫다고, 반을 옮겨 달라고 고집을 부렸어. 하지만 갑자기 우리 다섯 남매를 떠안게 되신 할머니는 다섯 손주를 키우느라 세심하게 신경 써 주시지는 못했어.

매일매일 따돌림을 당해 왔던 탓인지 혼자가 더 편해졌고, 이내 그런 내 모습이 익숙해져 갔어. 주위에서 친구도 없는 외톨이라는 놀림을 받았지만 난 친구가 필요 없다고 느꼈어.

즐겁지 않던 학교생활이었지만 어느덧 6학년이 되었고, 드디어 졸업식 날이 되었어. 친구들은 졸업식의 주인공답게 부모님이 주신 꽃다발을 들고 기념사진을 찍는 등 즐거워 보였어. 겉으로는 아무렇지 않은 척했지만, 나도 오늘의 주인공이라는 생각에 기대를 품고 나를 축하해 줄 가족이 왔을까 하며 주변을 힐끔힐끔 쳐다보았지.

내가 이렇게 내심 기대를 하게 된 데에는 이유가 있어. 바로 한 살 위인 형의 작년 졸업식 때문이야. 고모들과 할머니가 모두 졸업식장에 와서 형의 졸업을 축하해 주었거든. 하지만 졸업식이 열리는 2시간 내내 목이 빠지게 기다려도 아무도 볼 수 없었어. 대신 담임 선생님이 나를 불러 보호자가 바빠서서 아무도 못 오시니 곧장 집으로 가라고 말씀하실 뿐이었지. 세상이 무너지는 기분이었어. 그토록 기대해 왔던, 내가 주인공인 나의 졸업식에서 나는 혼자였어.

졸업식이 끝나자 친구들이 물었어.

"너는 왜 부모님이 안 오셔?"

나는 창피한 나머지 이렇게 말했어.

"곧 오신다고 여기서 기다리래."

그리고는 친구의 휴대전화를 빌려서 가족들에게 전화하는 척하며 전화기를 붙들고 대화하듯 연기를 했어. 그리고 눈치를 보다가 도망치듯 집으로 달려왔어. 집으로 가는 길에 필요도 없는 졸업장과 앨범을 눈앞에서 찢어 버렸어. 집에 가서도 아무것도 먹지 않았어. 집은 나에게 더 이상 보금자리가 아니었어. 오히려 빨리 탈출해야 하는 수용소처럼 느껴졌어.

집에 아무런 미련이 없었어. 일주일에 용돈 500원 받는 생활, 화장실도 변변치 못해 요강에 볼일을 보는 삶, 난방이 안 되어 간신히 추위를 견뎌야 하고, 손가락만한 벌레가 나오는 집이 이젠 지긋지긋하게 싫었어.

나는 다짐했어. 집에 손을 벌리지 않겠다고. 용돈도 받지 않았어. 졸업식이 끝나기 무섭게 아르바이트를 시작했어. 열네 살, 식당 아르바이트를 처음 해본 나는 접시에 반찬을 담으면서 흐르는 눈물을 닦았어. 그러면서 나에게는 집이 필요 없고, 꼭 내 손으로 돈을 벌어 성공해서 보란 듯이 잘살겠다고 다짐했어. 식당 홀 서빙부터 시작해 레스토랑 주방장, 택배 상하차, 편의점 판매원, 과일 판매상, 전복 판매 등 할 수 있는 모든 일을 했어. 그렇게 고등학교 2학년까지 쉬지 않고 아르바이트를 하면서 번 돈을 거리낌 없이 마음대로 쓰면서 비행 청소년처럼 살았어.

시간이 흘러 오랜만에 집에 들어갔을 때가 지금도 기억나. 나를 가장 먼저 맞아 준 것은 늘 보기 싫었던 요강과 조그마한 대문이었어. 그때의 나는 어른들의 간섭 없이 내 마음대로 사는 삶이 좋았어. 집에는 정말 들어가기 싫었지만 갈 곳이 없었어. 늘 내 미움의 대상이던 할머니는 허리가 많이 굽으셨고 지팡이를 짚고 다니셨어. 나이를 먹으면 철이 든다는 게 이런 것일까? 문득 그동안 내가 그토록 미워했던 할머니가 바로 나의 하나뿐인 할머니라는 게 느껴졌어. 항상 미워했고 같이 살기 싫어서 집을 뛰쳐나가게 한 할머니, 말조차 섞기 싫었던 할머니…. 나 혼자 돈을 벌어서 가난한 집에서 벗어나고 싶다고 생각했던 나는 할머니가 쇠약해지신 걸 보고 뭔가 크게 잘못되었다는 걸 깨달았어.

가난한 형편에도 나를 고등학교 2학년이 될 때까지 키워 주신 할머니의 존재를 부정해 왔는데, 오랜만에 만난 할머니는 너무나 쇠약해져 있었어. 우리 다섯 남매를 키우느라 얼마나 고생을 하셨는지 계단도 업혀서 올라가셔야 할 정도였어. 예전의 정정하시던 모습은 온데간데없었어. 지금까지 키워 주신 할머니에게 무슨 짓을 했는지, 죄송한 마음뿐이었어. 지금은 할머니께 감사함을 느끼지만 그때는 죄책감과 죄송한 마음이 전부였어.

그때부터 나는 제대로 취업을 하려면 어떻게 해야 하는지 알아보기 시작했어. 어떻게든 취업해서 돈을 벌고, 할머니의 병을 낫게 해드리고 싶었어. 나는 남들이 따기 힘든 자격증에 도전했어. 자격증과 취업을 위해 점수를 1점이라도 더 얻을 수 있다면 끼니도 거르면서 노력했어. 그리고 마침내 결실을 맺었어. 고3 무렵 한 수산계 대기업의 항해사로 당당히 취직한 거야.

여기까지가 앞으로 할머니와 함께 행복하게 살 수 있는 준비 단계라고 생각했어. 앞으로 아무리 힘든 일이 있어도 그 시간만 잘 참고 견뎌 내면 고생 끝에 낙이 오듯 행복해질 수 있다고, 이제부터 시작이라고 생각했어.

승선

회사가 있는 부산으로 떠났어. 부산에서 하룻밤을 보내고 드디어 비행기를 타고 선박으로 향했어. 나는 그 선박을 타고 해외까지 갈 예정이었어. 생전 처음 겪는 일이다 보니, 더 이상 한국이 아닌, 아무도 모르는 낯선 땅에서 적응해야 할 생각에 덜컥 겁이 나기도 했어. 하지만 내 목표인 '할머니의 병 치료와 앞으로 할머니와 함께 행복하게 살기'를 생각하면, 앞길에 어떤 장애물이 와서 날 막는다고 해도 이겨 낼 자신이 있었어. 그런 생각을 하면서 비행기를 타고 가는데 한 20시간쯤 지났을까? 호주 옆에 있는 작은 섬 '타라와'라는 곳의 항구에 도착해 드디어 승선하게 되었어. 배 안으로 한 발을 딛는 순간, 나를 향해 쏟아지던 외국인 선원들의 따가운 시선을 잊을 수가 없어. 가자마자 어떤 것부터 해야 할지 몰라 당황하던 나는 앞일에 대한 걱정으로 막막하기만 했어. 먼저 짐을 풀고 선교에 올라서자 큰 뱃고동 소리와 함께 항구에서 벗어났어. 그렇게 태평양을 향한 참치잡이의 삶이 시작되었어.

정확한 나의 직업은 동원산업 원양어선 실습항해사야. 아무래도 나이도 어리고 처음이다 보니 실습이라는 직함이 붙었어. 배의 선원은 총 30명 정도로 난 그중에서 직급도, 나이도 막내였어. 첫날에는 조업을 할 수가 없어서 항해만 했지. 첫 당직이라 얼마나 긴장을 했는지 몰라. 배울 것도 많아서 어느덧 밤 11시가 훌쩍 넘어 버렸어. 드디어 다음 상급자가 당직 교대를 해주었고, 그제야 부랴부랴 샤워하고 자정이 되어서야 피곤한 몸을 이끌고 잠을 청했어. 오랜 비행과 처음 서는 당직 때문에 다리와 허리가 쑤시고 안 아픈 곳이 없었어. 그래서 그랬는지 침

대에 머리를 대자마자 잠이 들었어. 한 3시간쯤 지났을까? 상급자가 나를 깨우는 소리에 일어났어. 순간 '뭐지? 시간이 얼마 지나지 않았는데 왜 지금 깨우는 거지?' 하고 놀라면서 급하게 선교에 다시 올라갔어.

원양어선 참치잡이는 평균 새벽 4~5시에 일어나서 조업 준비를 해야 해. 나중에야 그 사실을 알고나서 당장이라도 그만두고 싶었어. 이런 식으로 잠도 제대로 못 자며 일을 하고 싶지는 않았거든. 하지만 이미 배를 탄 이상 후회해 봤자 소용없는 일인데다 아무것도 보이지 않는 태평양 바다와 출렁이는 파도 소리 그리고 조업 전 긴장되는 항해사 상급자들과 선장님의 호령에 완전히 얼어붙었어. 선장님의 "Skiff let go!"라는 명령어('skiff'는 원양어선이 참치를 포획하기 위한 그물을 둥글게 쌓는 보조배를 말하며, "Skiff let go!"는 보조배를 선체에서 낙하시키기 위한 선장의 명령어이다.)와 함께 조업이 시작되었어.

난생 처음 보는 풍경이었어. 그물이 펼쳐지는 것을 보며 잠시 멍때리던 나는 펼쳐진 그물을 적재하려고 '갑판 DECK'으로 와서 대기했어. 아직 깜깜한 새벽이었어. 잠도 제대로 못 잔 탓에 입

맛이 없었는지 아침도 걸렀어. 그물을 감는 쇠줄 소리만 귓전을 때렸어. 선원들의 입은 굳게 닫혀 있었어. 다들 새벽부터 일하는 건 반가워하지 않았던 것 같아.

드디어 올라오는 그물들! 아무것도 몰랐던 나는 쫓겨나지 않기 위해 옆에 있는 외국인 선원을 보며 바쁘게 따라했어. 선원들은 여유를 가지고 숨을 고르게 쉬며 일을 했지만 나는 금방이라도 숨이 넘어갈 듯이 가쁘게 숨을 쉬며 간신히 일했어. 그렇게 한 2시간이나 흘렀을까? 그물 적재가 드디어 끝났어. 올라온 그물에서 참치가 쏟아지는데 그 순간 내 앞에 참치 한 마리가 '퉁!' 하고 떨어졌어. 그 모습을 본 상급자가 얼른 참치를 들어서 참치 입구에 넣으라고 명령했어. 그동안 시골에서 자라온 경험을 바탕으로 남다른 힘이 있다고 자신했기에 있는 힘껏 참치를 들어 올렸어. 하지만 참치는 들리지 않았어. 아니, 잡지도 못했어. 참치는 바로 처리하지 못하면 상품 가치가 급격히 떨어지기 때문에 상급자와 외국인 선원들은 그거 하나 못 드냐는 타박을 쏟아냈어. 나는 금방이라도 눈물이 날 것 같았고 당장이라도 그만두고 싶었어.

간신히 자리를 지키니 참치 적재의 끝이 보였고 드디어 3시간 30분 만에 나의 첫 조업이 끝났어. 나는 아직도 가라앉지 못한 가쁜 숨을 안고 다시 선교로 올라섰어.

너무 힘들었고 그만두고 싶었어. 일하면서 욕은 욕대로 듣고, 외국인 선원들의 무시하는 말과 비웃음까지 들어야 했어. 온갖 아르바이트를 하면서 나름 강하게 살아왔는데 처음으로 굴욕감을 느꼈어. 눈물이 났지만 차마 흘릴 수도 없었어. 애처럼 굴었다간 강제 하선을 당할 수 있거든.

결코 울 수 없었어. '할머니 노후 생활 행복하게 해주기'라는 목적이 있었기 때문이야. 어떠한 구박도 괜찮아. 어떠한 굴욕을 당해도 괜찮아. 하선한 이후 할머니와 함께 지낼 생각을 하면 힘들지 않았어. 하루하루 지날 때마다 목적과 가까워진다고 생각하며 오히려 뿌듯함을 느꼈어.

시간은 잘도 흘러갔어. 매일 반복하면 실력이 늘듯이 이제 원양어선의 생활에도 익숙해졌어. 어선은 참치를 적재할 수 있는 용량이 꽉 차면 만선이 되어 근처 항구에 들어가서 운반선에 참치를 옮겨 실어야 해. 배를 탄 지 3개월이 되어 갈 무렵, 만선을 이끌고 항구에 정박한 후 운반선에 적재하는 날이었어. 그날도 어김없이 허리를 숙여 참치를 한 마리씩 적재한 후 밤이 다가와 정리하고 잘 준비를 했어. 그날도 스스로에게 고생했다고 말하고 잠을 청하는 순간 배에 전화 한 통이 걸려 왔어. 배에 전화벨이 울린다는 것은 한국에서 전화가 왔다는 뜻이야.

수화기 너머 익숙한 목소리가 들려왔어. 전화를 건 사람은 다름 아닌 형이었어. 너무 반가웠지만 하루종일 참치를 운반선에 적재하느라 피곤했기에 얼른 전화를 끊으라고 재촉했어. 하지만 수화기 너머로 들리는 형의 떨리는 말투와 주위의 고요함, 그리고 사람들의 곡소리를 들으며 나는 '할 말도 없으면서 밤 11시에 왜 전화를 해서 안 끊는 거지?' 하고 생각했어. 그렇게 5분쯤 지났을까? 형이 조용히 말했어.

"할머니가 돌아가셨어…."

1분쯤 정적이 흘렀을까. 나는 형한테 아무리 장난이라도 그런 말은 하는 게 아니라고 했지만, 형은 못 참겠는지 결국 울음을 터트렸어.

"할머니 보내드렸어. 미안하다. 네가 제일 신경을 쓰면서 모신 할머니가 새벽에 심장마비로 돌아가셨어."

전부터 그랬어. 할머니는 당뇨가 있어 가끔 숨을 잘 쉬지 못해 주무시기 어려워하셨어. 할머니를 좋아하는 나는 할머니 옆을 항상 지키며 그런 일이 있으면 119에 전화하고 상황을 수습했어.

전화를 끊고 나니 후회가 밀려왔어. '내가 할머니 옆에 없어서 그렇게 되신 거야', '내가 할머니를 돌아가시게 했어'라는 죄책감이 나를 괴롭혔어. 더 이상 배를 탈 필요가 없었어. 열심히 살 이유도 없었어. 그 순간 삶을 포기하고 싶었어. '지금 죽게 된다면 할머니를 볼 수 있지 않을까?'라는 생각과 죄책감에 다들 일하고 있는 시간, 나는 바다에 내 몸을 던졌어. "풍덩!" 하는 소리와 함께 잠시 수면 아래로 내려갔다가 이내 위로 떠올랐지만 허우적거리지 않았어. 바다에 몸을 던진 건 살기 위해서가 아니라 죽기 위해서였으니까.

점점 차오르는 바닷물…. 입에는 이제 숨이 아닌 바닷물이 들어오고 있었어. 눈은 바닷물이 닿아 뜨기가 힘들었고, 숨도 많이 가빠지며 답답함이 몰려왔어. 잠시 후 물에 떠 있는 나를 발견한 외국인 선원이 다이빙하여 구해 주었어. 너무 분했어. 죽고 싶어도 죽을 수가 없었기 때문이야. 선박 위로 물이 뚝뚝 떨어졌어. 주위에서는 당연하다는 듯 욕설과 구박을 퍼부었지만 내 귀에는 아무 소리도 들리지 않았어. 조금만 더 있으면 죽을 수 있었는데! 날 구한 선원을 향한 분노가 치밀었어. 그날, 그렇게 한바탕 큰 소동이 지나가고 저녁을 맞이했어.

밤에 상급자가 나를 따로 불러냈어. 낮에 있었던 일을 추궁하고 문책하려는 거겠지. 어차피 살고 싶지 않은 인생, 주먹을 꽉 쥐며 뭐든 해볼 테면 해보라고 생각했어. 상급자가 첫마디를 내뱉는 순간 어떻게 대꾸해야 할지 생각하면서 말이야. 하지만 결과는 예상 밖이었어.

"그동안 힘들었지?"

상급자는 나를 따뜻하게 다독여 주었어.

지금까지 일을 못 한다고 구박만 하던 상급자가 그날만큼은 직장 상사가 아닌, 한 사람의 어른으로 보였어. 그래서 그동안 참아 왔던 눈물을 터트리고 말았어. 상급자가 말했어.

"안타까운 사정지만 앞으로의 더 나은 삶을 위한 디딤돌이 될 거야."

그 말에 나는 한 번 더 울컥했어. 그 말은 할머니를 모셔야 한다는 부담감은 이제 갖지 않아도 되니 잘 살아가라는 말이 아니었어. 아무리 힘든 위기가 닥쳐와도 굴하지 않고 딛고 일어서라는 뜻이었어. 폭포처럼 쏟아지는 눈물에 드디어 깨달았어. 그리고는 눈물을 닦고 다시 일어섰어. 절대 무너지지 않겠다고, 남들보다 더 열심히 살아서 우뚝 솟아오르겠다고, 할머니께서 지켜 오신 가정을 이제 내가 지켜야겠다고 다짐했어.

하선

큰 소동 이후 다음 날이 밝았어. 선원들은 나의 사정을 들었는지 힘내라는 응원의 메시지만 전하고 더 이상 무시하는 말은 하지 않았어. 말만 하지 않은 것이 아니라 무슨 일이 일어날지 몰라서 나와는 일도 같이하려고 하지 않았어. 하지만 나는 이미 굳은 결심을 한 다음이었기에 선원들한테 가서 웃으면서 일을 알려 달라고 했어. 다행히도 선원들은 괜찮아 보였는지 일을 천천히 알려 주기 시작했어.

이렇게 새 하루가 시작되었어. '그래도 한번 시작한 거 끝을 봐야 하지 않냐'는 마음으로 선장을 목표로 한 나만의 훈련을 시작했어.

엊그제만 해도 열아홉 살 실습 항해사였지만, 어느새 선장님의 보좌 앞 책임자로 성장해 있었어. 4년이라는 시간이 흘러 스물세 살이 되었고, 더 이상 실습 항해사가 아닌 한 선박 책임자의 상관으로, 실력도 40년 베테랑 외국인 선원보다 뛰어났으며 항해술과 필요한 서류를 관리하는 책임자로 일했어. 이렇게 순조롭게 목표를 향해 달려가고 있었어. 하지만 모든 일이 한 사건에 의해 무너지고 말았어.

그날은 태풍이라 해도 이상하지 않을 만큼 바람이 많이 불었어. 강한 바람과 조류 때문에 출렁이는 파도로 배가 위험한 상황이었어. 그물을 적재하다가 더는 안 된다는 판단 아래 작업을 중단했어. 강한 바람에 그물이 날아가지 않도록 두꺼운 밧줄로 그물을 에워싸 놔야 할 정도였어. 그물 높이는 약 6~7m

정도였고, 열악한 작업 환경 탓에 아무도 올라가서 밧줄을 둘러메려고 하지 않았어. 아무도 움직이지 않자 답답한 선장님과 배의 책임자인 나는 먼저 나가 밧줄을 어깨에 메고 강한 바람에 굴하지 않고 그물을 묶는 데 성공했어. 하지만 그때 갑자기 몹시 강한 바람이 불어닥쳐 그만 6~7m 높이에서 떨어지고 말았어.

다행히 낙법을 취해 목숨엔 지장이 없었지만, 왼발을 접질렸어. 추락 당시에는 책임자로서 제대로 된 모습을 보여 주고자 그랬는지, 아드레날린이 솟구쳐서 그랬는지 아픈 줄도 몰랐어. 아무렇지도 않은 척 제자리로 돌아와 앉았지. 위험한 일을 감수하고 드디어 자리로 돌아와 앉으니, 그때부터 긴장이 풀리며 접질린 발이 아프기 시작했어. 두꺼운 양말이 찢어질 만큼 많이 부어 있었어. 양말을 급하게 벗고 상태를 보니 그제야 심각성이 느껴졌어. 조금도 움직일 수 없어 선원의 도움을 받아 겨우 방에 들어섰지. 작은 미동에도 아팠기에 더 이상 작업을 할 수 없다고 판단하여 귀항을 선택했어. 당시 코로나로 비행기가 뜨지 못하는 상태라 지나가는 선박을 타고 30일 동안 선박에 갇혀 지낸 끝에 겨우 한국에 도착했어. 하지만 하선에도 절차가 있기 때문에 바로 병원에 가지 못하고 애꿎은 발만 동동 구르고 있었어.

    모든 절차가 끝나자마자 바로 병원으로 갔어. 결과는 생각보다 심각했어. 복숭아뼈 삼각 인대 파열과 근방 인대 손상으로 수술도 소용없고, 할 수 있는 치료라고는 물리치료밖에 없었어. 나는 지푸라기라도 잡고 싶은 심정으로 매일매일 꾸준한 치료를 받았지만, 결국 완치하지 못했어. 병원에서도 지속적인 치료는 의미가 없다고 판단해 결국 치료를 중단할 수밖에 없었어.

    일상생활에 지장은 없지만 더 이상 배에 오를 수는 없었어. 내가 지금 가지고 있는 것은 그동안 모았던 돈뿐이었고, 한국에 오랜만에 돌아온 이십 대 청년이었기에 그동안 즐기지 못한 경험을 마음껏 해보았어. 일만 해서 그런 걸까? 한국 생활이 너무 그리웠던 걸까? 하고 싶은 것이 너무 많고 금방 돈 쓰는 것에 익숙해져 흥청망청 놀기 바빴어.

    어느 날 만취한 상태로 광주에 잡아놓았던 자취방에 들어가

휴식을 취했어. 술에 취한 탓인지, 아니면 조용한 방에 혼자 덩그러니 있어 감성적인 된 건지 지금까지의 삶이 공허하게만 느껴졌어. 그토록 원하던 독립과 마음대로 돈을 쓰면서 그토록 원하던 경험을 다 해보았는데 즐겁지가 않았어. 하면 할수록 공허함만 더 커지는 것 같았어. 스스로 '왜 공허할까?'라는 질문을 해봐도 답을 찾지 못해서 그냥 놀기만 했어. 그렇게 몇 개월이 흘렀을까. 전화 한 통이 걸려 왔어.

어릴 때부터 한부모 가정이었기 때문에 국가 지원을 받았는데, 어릴 때는 아무것도 모르는 채로 그냥 받기만 하였고, 커서는 그 사실을 잊고 취업을 나갔어. 그러던 중 주민센터에 거주지 등록하면서 자립준비청년들을 위한 자립지원전담기관에서 연락이 온 거야. 어려운 상황 때문에 받게 되는 이런 연락 자체를 좋아하지 않았어. 그래도 남는 게 시간이었기에 호기심으로 담당자를 만났어.

삼십 대 후반쯤 되어 보이는 과장님이 친근하게 다가와 주셨지만, 어차피 떠날 사람이란 걸 알기에 그냥 웃음을 띠고 반겨 주는 척만 했어. 과장님은 나에게 다가오기 위해 노력하셨지만, 나는 그 모든 것이 친해지기 위한 뻔한 말과 행동에 지나지 않는다고 생각하고 아무 감정 없이 적당히 받아 주기만 했어.

그러던 어느 날, 과장님과 대화를 하던 중에 예상외의 말을 들었어.

"많이 힘들었을 텐데 잘 커 줘서 고맙구나."

그만 얼어 있던 마음이 울컥해졌어.

"잘생겼네, 목소리 좋네, 씩씩하네" 같은 말은 들은 체도 안 했는데 왜 이 말에 갑자기 울컥했는지 모르겠어. 과장님은 이어서 조심스레 다음 이야기를 꺼내셨어.

"이제 너를 위해 살아 봐. 천천히 해도 좋으니, 네가 하고 싶은 걸 해."

겉으로는 표현을 안 했지만, 마음속으로 울음이 터졌어.

'삶에 지쳐 그 삶을 덮고자 앞만 보고 살았구나.' 덮는다고 덮어지지 않는 마음인데 드디어 알겠더라. 수개월간 돈을 쓰면서 놀고 해보고 싶은 걸 다 해봐도 행복하지 않았던 이유를. 남에게만 맞춰 오느라 내 마음에 이미 상처가 많았기 때문이야.

과장님은 즐거움과 행복은 내가 찾아가는 거라고 하셨어. 돈을 쓰면서 놀아 본 경험보다 과장님과 이야기한 10분이 더 즐겁고 행복했어.

닫혀 있던 내 마음이 조금씩 열리기 시작했어. 생각해 보니 내 마음은 한참 전에 닫혀 있었던 것 같아. 나는 강해서 흔들리지 않았던 것이 아니라 닫혀 있었기에 아무런 영향을 받지 못했던 거야. 공감 자체가 없었어. 교류도 없었어. 하지만 이번 만남을 계기로 돈은 행복을 주는 데 한계가 있다는 것을, 겉보기에 아무리 잘 살아도 중요한 건 마음이라는 것을, 남에게 맞춰 같이 웃을 수는 있지만, 즐거움은 그때뿐이고 항상 행복을 느끼지는 못한다는 것을 깨달았어.

드디어 알았어. 왜 자꾸 공허하고 즐겁지 않은지. 답은 나 자신에게 있었어. 마음이 닫혀 있고 스스로 행복할 줄 몰랐던 모습은 이제 마지막이라는 다짐을 하고 과장님에게도 감사하다고 인사드렸어. 깊이 생각하지도 않았어. 내가 무엇을 하면서 가장 즐거워하는지에 대한 생각과 모두가 스스로 행복하게 살 수 있는 세상을 만들고 싶다는 생각이 먼저 떠올랐어. 항상 돈부터 벌겠다는 목표를 뒤로하고, 사회복지 전공을 위해 조급해하지 않고 천천히 공부를 시작하기로 했어.

지금까지의 이야기는 모두 내가 살아온 실제 이야기야. 다시 일어나기 위한 시작은 언제든 가능해. 이제는 남의 아름다움이 아닌 나의 아름다움을 마음의 거울에 비추어 보며 나아가려 해.

마린보이에게

"행복이 무엇일까?"

· 김승미

'행복이 무엇일까?'라는 질문을 던져.

"하고 싶은 거 할 때."
"먹고 싶은 거 먹을 때."
"만나고 싶은 사람 만날 때."

행복은 강도가 아니라 빈도라는 말이 있어.

행복이 무엇인지 생각하면 막연하지만, 행복은 사소한 것에서 오더라고. 그렇게 조금씩 빈도수를 늘려 가면 어느덧 행복에 대한 질문을 던지지 않고 살아가게 되는 것 같아.

자립도 마찬가지 같아.

누구나 자립이라는 걸 하잖아. 자립이란 글자가 크게 다가올지도 모르겠지만, 의미를 부여하지 않았으면 해. 물론 혼자 스스로 해야 하는 상황이 막막하고, 답답한 상황들도 있겠지. 그렇지만 잘 돌아보면 주변에 분명히 함께하는 사람들이 있어.

'함께서기'를 알아가는 과정이 진정한 자립이 아닐까 생각해. 열심히 살아야겠다는, 잘 살아야겠다는 부담이 생기지? 그런 부담감은 잠시 내려놓고 하루하루 행복의 빈도수를 늘려 가면 그것들이 하나둘 모여서 돌아봤을 때 '나 잘 살고 있구나, 잘 살아왔구나' 하고 생각하는 순간이 분명히 올 거라 믿어 의심치 않아.

자립을 겪는 모든 이에게 지금도 충분히 잘하고 있고, 더 잘하려 애쓰지 않아도 된다고 말해 주고 싶어.

마린보이, 너의 행복을 기도할게.

_승미가

마린보이에게

"기대렴"

· 마리아

어린 나이에 세상에 혼자 떨어진 그 막막한 마음을 누구보다 잘 알아.

그래서 너에게 이 말을 꼭 하고 싶어.

"기대렴!"

분명 살면서 이 세상에 너를 도와줄 사람이 단 한 명도 없는 것처럼 느껴질 때가 있을 거야. 그때 1퍼센트의 용기만 가지고 손을 뻗어 봐. 그러면 널 도와주기 위해 팔 벌리고 서 있는 사람들이 보일 거야.

힘들면 어디에든 도움을 청해. 그저 1퍼센트의 용기만 있으면 돼. 나머지 99퍼센트는 어른들이, 사회가 채워 줄게. 너를 꼭 안아 주고 보듬어 줄 수 있도록 선배들이 더 힘차게 목소리를 낼 게.

그러니 가장 예쁠 나이에 절망과 막막함 속에 주눅 들지 말고 당당하게 살아가길 바란다.

그 나이 때에만 경험할 수 있는 것들이 있잖아. 그것들을 당연하게 받아들이고 평범하게 경험하면서 어여쁜 이십 대를 꽃피우길 바라. 얼굴도 이름도 모르는 우리지만 나는 먼저 걸어가는 길에서 자주 뒤돌아보며 네가 잘 오고 있는지 확인할 거야.

너의 앞길에 한없이 따뜻한 풍경이 펼쳐지길!

_ 마리아가

쏘양
담다

필명 쏘양의 본명은 박태양이다. 열여덟 살에 공동생활가정에 입소하여 스물두 살이 되던 해에 '홀로서기'를 시작한 자립준비청년. 삼남매 중 둘째로 자랐다. 사실은 1분 차이 이란성 쌍둥이 남매 중 둘째로 태어난 억울함에 1분 차이여도 누나라며 호칭에 엄격하셨던 아버지 앞에서만 누나라고 불렀다. 말썽꾸러기 기질은 이때부터 생겨난 듯하다. 기아대책 마이리얼캠페이너로 활동하면서 자립준비청년의 이야기를 세상 밖으로 꺼낼 수 있게 되어 감사하다.

아버지는 말씀하셨어. "부모 말 안 듣는 건 기본에, 잠깐이라도 한눈팔면 안 되는 아이, '딱 한번만'이라는 칭얼거림으로 하고 싶은 건 다하는 아이, 끈기가 부족한 아이." 이게 내 어린 시절을 설명해 주는 수식어야.

어릴 적 할머니와 할아버지, 그리고 우리 가족이 함께 식당에서 밥을 먹을 때 일어난 일이야. 모두가 밥을 먹는 사이에 내가 사라졌어. 사라진 나를 찾겠다고 가족들이 모두 밥을 먹다 말고 나와서 길을 헤맸어. 이것은 시작에 불과해. 식당을 가면 다른 손님이 있는 테이블에 가서 음식을 얻어오기도 했고, 할머니 댁 시골길 모퉁이에 서서 두 손을 내밀고 서 있기도 했어. 그러면 동네 할머니, 할아버지들이 그냥 지나치지 못하고 용돈을 주시곤 했지. 내 행동은 아무도 예상도 할 수 없었기에 모두가 불안해했어.

부모님은 나를 낳고 나서 결혼식을 올렸어. 결혼식 사진에 내가 있는 걸 보면 알 수 있지. 그 결혼식에서도 나는 여기저기 휘젓고 다녔어. 그러다 고모에게 붙잡혀서 꼼짝 못하고 고모 무릎에 앉게 되었어. 그때 나를 어디 가지 못하게 잡고 있는 고모를 미워했던 기억이 있어. 아마도 어린 나는 엄마에게 가고 싶어서 그랬던 게 아닐까?

나는 세숫대야에 쌀을 담아서 화장실에 들어가 쌀을 씻다 그대로 엎어 버리고, 수건이 널려 있는 건조대에 하마터면 불을 지를 뻔 하거나, 거실 가구에 올라가 놀다가 텔레비전을 부수는 등 장난을 좋아하는 호기심 많은 말썽꾸러기였어. 이렇게 어린 시절을 회상할 때면 덜컥 무서울 때가 있어. 옛날 어른들이 하는 말씀 중에 "너 같은 자식 낳아서 키워 보면 안다"는 말이 떠올라서야. 만약 나 같은 아이가 태어난다면 그때 우리 부모님의 마음을 생각해 볼 수 있지 않을까?

초등학교 4학년이 되어 농구를 시작하면서 끈기가 부족한 아이라는 타이틀을 내려놨어. 그 전에는 뭐든 호기심만 왕성했지 오래가지는 못했거든. 한 번만 보내 달라고 빌고 빌어서 다닌 태권도, 방과 후 컴퓨터, 피아노 학원, 한자 학원, 문제집 풀기 등등 대부분 시작하고 한 달을 버티기 힘들었어.

내 호기심은 대부분 큰 이유 없이 시작됐어. 부러움이나 궁금증 때문에 시작된 일이 많았지. 농구는 부러움에서 시작했어. 같은 반 친구 중에 어떤 아이가 급식을 먹고 난 후 농구하러 간다는 이유로 수업을 빠지는 거야. 어찌나 부럽던지. 그 모습을 보고 결심했지. '나도 농구를 해야겠다.' 그 길로 그 친구에게 농구부에 들어갈 수 있는 방법을 물었고 나는 농구 코치님을 찾아가서 너무나 쉽게 허락을 받은 후 농구를 시작했어. 그때까진 몰랐어. 들어갈 땐 자유지만, 나올 땐 그렇지 않다는 것을.

처음 농구를 시작하던 날의 기억이 아직도 생생해. 열심히 연습한 나머지 코피까지 흘리는 모습을 보며 코치님도 나의 노력을 인정해 주셨어. 나는 끈기는 없지만 열정은 넘쳐났어. 관심을 가지고 시작한 일은 어떻게든 해내고야 말겠다는 집념이 있었고, 될 때까지 끊임없이 시도했어.

하지만 한 달이 흘렀을까? 농구도 예외는 아니었어. 내가 할 수 있는 모든 것들을 쏟아내고 나니 싫증이 났는지 부모님에게 이제 농구를 하기 싫다고 선언하고 농구부에도 안 나갔어. 그리고 어느 날, 어머니와 장을 보러 다녀온 후 피곤해서 잠깐 눈을 붙였다가 일어났는데 코치님이 우리 집 거실에 앉아 계시는 거야. 처음에는 꿈인 줄 알았지.

그렇게 삼자대면이 시작됐어. 나중에는 아버지까지 합류하면서 사자대면으로 바뀌었어. 처음에 어머니는 내 편을 들어주시는 것 같았지만 코치님의 회유로 결국 아버지가 운동을 다시 시키겠다고 말씀하셨고, 나는 다시 농구를 하게 됐어. 한 달을 넘기고 시작한 운동은 어느새 1년이 지나고 3년이 넘어가면서 안정기에 접어들었어. 매일 수백 번은 그만두고 싶다는 생각을 했지만, 열심히 운동하는 친구들을 보며 버틸 수 있었어.

하지만 결국 농구도 끝이 났어. 중학교에 진학한 후에는 운동이 싫어지는 마음이 점점 커져 갔거든. 운동의 강도는 점점 세지고 체벌도 심해지고 회비는 자꾸 올랐어. 싫은 걸 하면 능률이 안 오를 뿐만 아니라 시간이 아깝다는 생각이 들었어. 그

때가 열네 살 때였어. 그렇다고 농구를 시작한 것을 후회하지는 않아. 끈기가 없던 내가 유일하게 오래 한 일이기도 했고, 운동이든 뭐든 끈기 있는 모습으로 만들어 준 시작점이 농구였으니까. 운동만큼 힘든 것이 없다고들 하는데 이렇게 힘든 것도 이겨 냈으니 더 이상 못할 것이 없겠다는 생각이 들었어.

내가 열세 살 때 부모님이 이혼하셔서 이후 어머니와 살았어. 언젠가부터 부모님의 싸움이 잦아지기 시작했고, 밤마다 두 분이 싸우는 소리에 잠 못 드는 밤이 많아졌어. 당시에는 무섭고 두려워서 차라리 부모님이 이혼을 하는 게 낫겠다고 생각했어. 그렇게 되면 더 이상 무서움에 떨며 잠들지 않아도 되니까.

하지만 부모님이 이혼하신 후에도 달라지는 건 없었어. 운동을 그만두게 된 이유로는 부모님의 이혼 후 어려워진 가정 형편과 집에 자주 들어오지 않는 어머니의 영향이 제일 컸어. 운동이 끝나면 친구들과 다 함께 편의점으로 몰려가 간식을 사 먹었지만 언젠가부터 나는 돈이 없어서 갈 수 없었어. 어쩌다 같이 편의점에 가도 옆에서 간식을 사 먹는 친구들을 보기만 해야 했지. 농구부 친구들은 부모님이 데리러 오는데 나는 아무도 오지 않아서 그 서러움도 사춘기 시절 내가 온전히 감당해야 할 몫이었어. 매일 아버지에게 전화해서 어머니와 지내는 게 힘들다고 말했지만, 해남에 계셨던 아버지는 나를 데리고 갈 여건이 되지 않았어.

시간이 흘러 고등학교에 진학하자마자 어머니는 재혼을 했고 새로운 가족이 생겼어. 어머니의 재혼으로 상황이 조금 나아질 거라고 기대했지만 재혼한 남자의 태도가 바뀌면서 그 기대는 바로 사라졌어. 어머니는 재혼 이후 형편이 어렵다며 나와 쌍둥이에게 실업계로 전학할 것을 강요했어. 둘 다 인문계를 다녀 학비가 부담된다며 원치 않던 전학을 보냈고, 교통비 외에는 어떠한 지원도 해주지 않았어. 심지어 모든 생필품도 스스로 벌어서 사야 했어. 수건, 화장지, 샴푸 등을 안방에 넣어 놓고 어른들이 집에 없는 시간엔 방 문을 잠갔거든. 그게 내가 열일곱 살에 레스토랑에서 아르바이트를 시작한 이유야. 처음 해보는 아르바이트는 용돈을 위한 것이 아니라 살기 위한 수단이었어. 도움을 요청할 곳도 없었어. 살기 위해서는 힘들어도 버텨야 한다는 생각에 누구보다 열심히 뛰어다니면서 아르바이트를 했어.

당시 시급이 6,030원이었는데 100시간 가까이 일해서 번 첫 월급을 아직도 잊을 수 없어. 첫 월급을 받고 나니 더 열심히 일해서 돈을 벌어야겠다는 생각이 들었어. 그 모습을 본 사장님은 그로부터 1년이 지난 후, 열여덟 살이 된 나에게 레스토랑 오후 타임 총괄 책임자 자리를 맡겼어. 아르바이트생 중에 가장 어렸지만 사회생활을 일찍 접할 수 있던 건 나에게는 좋은 기회였다고 생각해.

생업과 학업을 병행할 수 있었던 이유는 실업계로 전학을 갔기 때문이야. 실업계 고등학교에는 야간 자율 학습도 없고 진학보다는 취업이 우선이었어. 당시에 사람들은 실업계 고등학교를 '꼴통들'이 가는 학교라고 불렀어. 나 역시 그런 학교로 전학을 가게 되면서 '인생 망했다'는 다섯 글자를 떠올렸어. 그럼에도 불구하고 담임 선생님은 나를 잘 다독여 주셨어. 그분은 내가 할 수 있다고 응원해 준 첫 어른이었어. 전학 오자마자 첫 중간고사 성적이 꽤 괜찮게 나오니 마음이 바뀌었어. 학년이 올라갈수록 공부가 쉽다는 것을 알았고, 결국 반에서 1등이라는 성적으로 졸업을 하며, 가기 힘든 학교라고 생각했던 대학교에 원하는 전공으로 입학할 수 있었어.

대학 합격 후 전학 오기 전에 다녔던 인문계 고등학교를 찾아갔어. 다시 만난 선생님은 후배들에게 내 이야기가 좋은 케이스가 될 거라며 꼭 말해 주겠다고 하셨어. 인문계 친구들은 내 이야기를 듣고 놀라기도 하고 부러워하기도 했어. 그 친구들은 쉬는 날 없이 학교와 야자, 학원, 도서관을 돌아도 간신히 성적을 맞추는 형편이었으니 당연한 일이지. 그 일을 계기로 원치 않던 위기가 기회가 될 수 있다는 걸 깨달았어.

고등학생인 나와 쌍둥이는 스스로 아르바이트를 하며 돈을 벌어 생활했지만 우리보다 다섯 살 어렸던 열세 살 막냇동생은 그럴 수 없었어. 어려운 상황은 동생에게도 예외는 아니었지. 동생은 잠긴 안방에 창문을 통해 들어가서 몰래 생필품과 간식을 가지고 나오기도 했어. 그러다 걸리면 집 밖으로 쫓겨났지. 우리가 없는 동안 어린 동생은 괴롭힘을 당하면서 덥든 춥든 상관없이 집 밖으로 쫓겨났고, 나는 집에 돌아오자마자 동생을 찾으러 나가야 했어. 밥도 못 먹는 날이 많았고, 현관문을 잠그고 열어 주지 않는 날도 많았어. 그러면 동생과 나는 내 방과 연결된 세탁실에 열어 놓은 문을 통해 몰래 들어가곤 했지. 이렇게까지 우릴 괴롭혔던 이유는 양육비를 받지 못했기 때문이야. 양육비를 받지 않는 조건으로 이혼했는데도 말이야. 어디에 도움을 요청해야 하는지도 몰랐고 누구에게도 말하기 힘든 이런 괴롭힘은 날 너무 힘들게 했어.

어느 날 사건이 터졌어. 내가 아르바이트를 하러 간 사이에 어머니가 내 동생을 해남의 아버지댁에 두고 온 거야. 아버지는 동생을 다시 데리고 올라와 집 앞에서 어머니의 재혼남과 말싸움을 벌였어. 결국 경찰이 출동했고 나는 이제까지 우리 삼남매가 당했던 학대의 정황을 경찰관에게 이야기하게 되었어. 그 일로 아동보호전담기관을 통해 우리 삼남매는 임시 보호 쉼터로 가면서 남은 가족과도 완전히 뿔뿔이 흩어져 낯선 곳에서 생활하게 돼. 그렇게 또 한 번의 위기가 찾아와.

환경은 바뀌어도 나의 생활은 같았어. 쉼터에서는 잠만 자고 나가는 경우가 많았지. 쉼터에서 학교가 멀다 보니 남들보다 한 시간 일찍 나와 6시 40분에 첫 차를 타고 학교에 갔어. 오후 4시 반까지 수업을 듣고 끝나는 대로 1시간 이상 버스를 타고 아르바이트를 하러 가면, 저녁 먹을 틈도 없이 앞치마를 두르고 일을 시작했어. 마감까지 하고 일이 끝난 뒤에 걸어서 쉼터로 가면 밤 12시쯤이야. 후다닥 끼니를 때우고, 씻고 잠을 청했어.

6시간도 못자고 다시 학교를 가야 해서 몸은 힘들었지만, 그래도 다행인 건 하교 후 아르바이트를 다녀오면 동생이 잘 먹고 잘 자고 있는 모습을 볼 수 있다는 거였어. 전에는 밖에 있는 시간이 많다 보니 동생에게 무슨 일이 생겨도 바로 갈 수 없고, 밥은 먹었는지, 쫓겨나지는 않았는지 걱정 속에 살아가야 했거든. 이 걱정은 덜었지만, 또 다른 걱정이 생겨났어. 부모님의 그늘이 필요한 시기에 의지할 사람은 나밖에 없는데 부모님이 그립지는 않을까, 내가 대신 그 자리를 채워 줄 수 있을까 하는 걱정들말이야.

쉼터에서의 생활에 적응되고 있을 무렵 공동생활가정이라는 아동복지시설로 전원이 결정됐어. 쉼터는 임시 보호의 역할을 하는 곳이라 장기간은 머물 수 없어서 우리를 받아 주는 아동복지시설로 가야 했거든. 남녀가 나뉘어 있는 공동생활가정이었기 때문에 쌍둥이 누나는 여자 그룹홈, 나와 동생은 남자 그룹홈에서 지냈어.

공동생활가정이란 '그룹홈'이라 불리며 최대 일곱 명까지 살 수 있는 가정집 형태의 아동생활시설을 말해. 이곳은 퇴소하기 전까지 머물러야 하는 곳이었고, 입소 생활은 쉽지 않았어. 제일 맏형으로서 시설 동생들을 챙겨야 한다는 책임감과 또래가 없어 마음을 나눌 수 없는 외로움이 있었어. 무엇보다 대놓고 눈치 주는 공동체 생활은 견디기 힘들었어.

동생과 함께 입소하여 2인 가구로 묶여 생계급여가 책정되어 나오는데, 각 1인 가구 2명이 받는 생계급여를 합친 것보다 적게 나왔어. 입소 아동에게 매월 20일에 지급되는 생계급여 중 일부를 그룹홈 운영비로 사용했는데, 우리는 형제라 생계급여가 적게 나온다며, 이래서 형제를 안 받는 거라고 눈치를 줬어. 규칙도 엄격해서 재원 아동은 외출과 컴퓨터 시간을 1시간밖에 사용할 수 없었어. 이를 어길 시 가볍게는 휴대폰 압수에서 시작해서 외출 금지, 심지어 다른 시설로 전원을 보낸다고 협박했어. 이것은 겉으로 보이는 것에 불과했어.

지옥 같은 곳에서 서둘러 벗어나고 싶었지만, 아직 어린 동생을 부모님을 대신해 지켜야 한다는 생각으로 버텼어. 열여덟 살에 입소해서 스물두 살에 퇴소하기까지 힘들었던 시설 생활에서 얻을 수 있었던 건 동생의 안전이었어. 적어도 동생이 안전하게 있을 곳이 있고 챙겨 줄 누군가가 있다는 것이었지. 나는 군입대를 뒤로 미루고 대학교 생활을 계속하기로 했는데 코로나 팬데믹으로 아무것도 하지 못하게 됐어. 마치 죽어 있는 시간이었다고 표현해도 될 것 같아.

무기력과 우울이 쉽게 찾아오고, 나와 비슷한 청년들은 할 수 있는 일이 없어 집에 있는 시간이 길어졌어. 그렇게 위기가 찾아왔을 때 나는 새로운 도전을 하기로 했어.

공무원 시험을 보려고 마음먹고 준비를 시작하니 남은 기간이 얼마 없었어. 그래도 열정은 뒤지지 않을 자신이 있어 남은 기간 동안 열심히 해보려고 강의를 듣고 독서실에서 공부했어. 밥 먹는 시간 빼고 앉아 있는 시간만 하루 평균 12시간이었어. 잠깐씩 움직이는 시간에는 영어 단어를 외우며 자투리 시간을 활용해 보고자 했어. 시험 보는 날이 다가올수록 긴장되고 불안했어. 1년에 한 번 있는 시험으로 합격의 당락이 결정되니 더 떨릴 수 밖에 없었지. 노력이 물거품이 되지는 않을까, 공무원이 내 길이 맞을까 하는 걱정 속에 시험을 봤어. 결과는 합격이었어.

공무원을 준비하면서 제일 힘이 되었던 말이 있어.

"평범함이 연속되면 비범함이 된다."

공무원 시험은 암기가 전부라고 할 정도여서 엉덩이 싸움이라고도 해. 누가 오래 앉아서 반복을 견뎌 내느냐는 거지. 공무원 시험뿐 아니라 모든 일이 이와 똑같다고 생각해.

새로운 목표가 생겼어. 공무원으로 살기보다는 자립준비청년을 돕는 사회적 기업을 창업하는 거야. 내가 받았던 도움을 이제는 나눌 수 있는 사람이 되고 싶어서 나와 같은 자립준비청년을 돕고 세상을 돕는 꿈에 도전하기로 했어.

운 좋게 재단의 장학생으로 선발되어서 장학금을 받을 수 있게 되었어. 때마침 교육비가 필요했던 나는 얼마나 다행이었는지 몰라. 재단에서 요구하는 서류만 제출하면 장학생 연장까지 가능하게 되었어. 하지만 원장님은 자신의 허락이 없었으니 재단으로 장학금을 환수시키겠다며 엄포를 놓았어. 장학금을 받고 싶으면 자립을 하든지, 장학금을 반납하고 시설 생활을 유지하든지 선택을 하라고 했어. 울면서 이야기해 봤지만 소용이 없었어. 당시 유일하게 받을 수 있던 장학금이었기에 결국 자립이라는 홀로서기를 하게 되었지.

나는 스물두 살 추운 겨울에 자립했어. 마음은 더 추운 겨울이었지. 쫓겨나듯 이사한 집은 보일러를 틀어도 방에 온기가 도는 데 한참 걸렸어. 집을 구하는 과정도 다사다난했어. 가지고 있던 디딤씨앗통장(CDA)과 자립정착금, 레스토랑 아르바이트를 하며 모아 놨던 돈을 보태도 모자라 대출까지 받아 집을 마련했어. 살림살이가 아무것도 없는 상황에서 필요한 것들을 천천히 하나씩 하나씩 마련했어. 처음하는 자립 생활은 경제적인 어려움이 많았어.

하지만 시간이 지나면서 불안정하게 흔들리는 시기가 지나고 뿌리를 내리는 안정적인 시기가 찾아왔어. 시설에 있을 때 자립을 앞둔 아동들이 모이는 자립캠프를 다녀온 적이 있어. 가서 보니 나랑 또래인 친구도 있었고, 형, 누나, 동생 등 나이대도 다양했어. 시설에 입소하고 나랑 비슷한 또래를 처음 만나는 거라 조금은 어색했지만, 시간이 조금 지나니 친밀감이 생겼어. 방에 모여 각자 살아온 이야기를 하게 됐는데 한 친구의 이야기를 듣고 마음이 많이 아팠어. 그때까지 내가 가장 힘들게 살아온 줄 알았는데 아니었어. 그야말로 충격적이었다고 해야 할까. 그 캠프 이후로 나와 비슷한 아픔과 어려움이 있는 사람들을 돕겠다고 결심했고, 세상을 돕는 사람이 되고 싶다는 꿈이 생겼어.

그래서 자립하고 가장 먼저 바람개비 서포터즈를 시작했어. 아동권리보장원이 운영하는 바람개비 서포터즈는 선배가 후배의 자립을 위해 동력이 되어 주는 서포터즈를 말해. 올해는 서포터즈로 활동한 지 4년 차로 바람개비 서포터즈 호남권역 부회장을 맡고 있어. 활동을 하면서 서포터즈로 크게는 전국, 작게는 권역과 지역의 자립준비청년을 처음으로 만났고, 지금까지 소중한 인연으로 남아 서로의 곁을 함께해 주는 친구, 형,

누나가 되어 끈끈한 관계를 유지하고 있어.

    서포터즈의 활동을 마무리하면서 마지막 시간에는 자립할 후배들에게 해주고 싶은 말을 하는데, 그때 나는 봄에 피는 꽃과 겨울에 피는 꽃 사진을 보여 주면서 꽃의 이름에 대한 질문을 던져. 봄에는 벚꽃이 피고 겨울에는 동백꽃이 피지. 이렇게 계절마다 피는 꽃이 달라. 우리가 어떤 계절에 무슨 꽃으로 필지는 아무도 모르지만 우리도 언젠가 꽃을 피운다는 걸 잊지 않았으면 좋겠다고 이야기해. 어떤 꽃을 피울지는 몰라도 우리는 모두 자라는 새싹과 같다고 이야기하며 강의를 마쳐.

    선배로서 후배들 앞에 서기 전에는 '과연 나는 잘하고 있을까?' 하는 질문을 던져. 계절마다 피는 꽃이 다르다는 이야기는 살면서 의문이 생길 때마다 스스로에게 해주는 말이야. 나뿐만 아니라 자립을 준비하는 후배, 자립해서 살아가고 있는 자립준비청년도 한 번쯤은 스스로에게 이 질문을 던져 봤거나 앞으로 던지게 될 거야. 내 이야기가 그들에게 작은 응원이 되길 바라.

    최근 나의 멘토와 멘토링 마지막 시간을 가지면서 멘토와 처음 만났던 장면이 생각났어. 자립한 지 1년 차가 지날 무렵이었어. 교직에서 퇴직하신 선생님이 멘토로 매칭이 되었어. 우리는 여름에 처음 만남을 가졌어. 첫 만남은 조금 어색했지만 만남이 이루어질수록 따뜻함을 느낄 수 있었어. 그분은 내가 약속 시간에 늦어도 기다려 주시고, 환한 미소로 반겨 주셨어. 아픈 곳은 없는지, 밥은 먹었는지, 늘 내 걱정만 해주시던 어른이었어. 어머니의 존재를 잊고 살아가던 나에게 어머니의 온기를 느끼게 해주셨어. 한 번은 작년 여름 뒤늦게 코로나에 걸려 목이 심하게 아팠던 적이 있어. 몸을 가누기 힘들고, 밥 챙겨 먹을 힘도 없었는데, 밥을 챙겨 주러 오신 거야. 감염 우려로 접촉하면 안 되어서 마스크를 썼지만, 그 잠깐의 만남에 울컥했어. 아플 때 챙김 받아본 적이 거의 없었고, 혼자 이겨 내야 했거든.

　마지막 멘토링도 늘 그랬듯이 내가 먹고 싶은 메뉴로 식당을 정하라고 하셨어. 우리가 가장 많이 갔던 식당에서의 마지막 만남에도 그분은 먼저 오셔서 나를 반겨 주셨어. 이제는 편하게 서로의 이야기를 주고받는 익숙한 대화 속에서 감사함을 느꼈어. 그렇게 식사를 마치고 찻집으로 자리를 옮겼어. 하고 싶은 말은 많았지만, 우리는 평소와 다를 바 없이 이야기를 이어 갔어. 나의 고민과 걱정에 대해 이야기하니 내 마음을 다 알아주셨어.

그때 지금까지 멘토와 보낸 시간들이 더욱 의미 있게 다가왔어. 사람을 알아가는 데는 시간이 필요하다는 말을 실감할 수 있었고, 반대로 나는 멘토에 대해 많이 알지 못하는 것 같아 죄송한 마음도 들었어.

찻집에서 이야기를 마치고 집으로 돌아가는 길에 다시 한 번 생각해 보니 아쉬운 마음뿐이었어. 그분 덕분에 나의 자립은 '홀로서기'가 아니라 '함께서기'였고, 서로에게 소중한 인연이 될 수 있었음에 감사해. 나도 누군가에게 그분처럼 기다려 줄 수 있는 따뜻한 어른이 되고 싶어.

몇 해 전 일주일 사이에 두 명의 자립준비청년이 안타까운 선택을 했어. 같은 지역에 살면서 서로의 존재를 모른 채 살아가는 현실을 깨닫고, 미리 알았더라면 마음을 나눌 수 있었을 텐데 하는 아쉬움이 들었어. 그래서 자립준비청년들이 소통할 수 있는 플랫폼인 커뮤니티의 필요성을 느꼈어.

마음 맞는 자립준비청년 세 명이 함께 자립준비청년의 한 울타리가 되어 주자는 취지에서 '한울'이라는 자립준비청년 커뮤니티를 만들었어. 지역사회 내에서의 움직임도 활발해졌어. 지역 내 다양한 분야의 전문가들과 사회적 기업이 모여 시민사회 모임을 만들어서 자립준비청년의 사회적 가족이 되어 주고자 했어. 기본적인 가족의 개념은 혈연으로 이루어지는 공동체를 말하지만, 시대가 흐를 때마다 그 정의의 폭과 분류가 다양해지는 추세야.

　그중 사회적 가족은 혈연이 아닌 사회 구성원으로 이루어진 가족을 말해. 우리는 한 달에 한 번 한 테이블에 모여 밥을 먹는 '월간식구'로 사회적 가족이 되었어. 나는 가족이 다같이 둘러앉아 밥을 먹은 기억이 거의 없어. 자립준비청년 대부분이 나처럼 가족이 모두 모여 밥을 먹었던 기억이 가물가물하거나 없는 경우가 많을 거야. 그래서 월간식구는 더 의미 있어. 한 달에 한 번이지만 밥을 먹으면서 주고받는 이야기를 통해 나에게 관심을 갖고 지켜봐 주는 어른들이 있다는 사실을 깨닫고, 내가 살아있음을 느끼게 해주거든.

월간식구와 한울이 동행한 지 1년이라는 시간이 흘렀어. 처음 만남은 우연히 사회적 기업 대표님의 SNS를 보고 연락이 닿아 나와 또 다른 자립준비청년, 대표님, 소장님, 팀장님이 알탕집에서 점심식사를 하면서 시작되었어. 나는 잘 먹지도 못하는 알탕을 먹게 되었지만 감사한 마음이 더 컸어. 식사가 끝나고 열린 시민사회 모임에는 지역 활동가, 기자, 정치인 등 다양한 분들이 모였어. '우리에게 관심을 가져 주시는 분들이 많구나'라는 걸 느끼면서 안도감이 들었어.

지금까지 월간식구를 다녀가 주신 분들, 한울 구성원이 되어 준 자립준비청년들 덕분에 행복할 수 있었어. 우연은 인연이 되었고, 스치지 않고 스며들어 가족이 될 수 있었다고 생각해.

1년이라는 시간 동안 한울은 월간식구뿐 아니라 커뮤니티 구성원의 자립역량 강화를 위한 교육, 또래 관계의 친밀감 형성을 위한 여름 워크숍과 명절 나들이 활동을 했어. 가장 기억에 남는 걸 고른다면 명절 나들이야. 근교에서 점심을 먹고 예쁜 카페에서 사진도 찍었어. 잔디밭에 돗자리를 깔고 새벽까지 이야기를 나누며 밤하늘에 가득 찬 보름달과 별을 보는데, 정말 오랜만에 느껴 보는 행복이었어. 자립준비청년은 명절에 갈 곳이 없어서 혼자 보내는 경우가 많은데 화목한 가족처럼 시끌벅적하게 명절을 보내다니 얼마나 감사했는지 몰라. 앞으로 우리 식구들과 보낼 시간들이 기대가 돼.

'봄을 찾기'라는 주제로 자립준비청년 정책 제안을 위한 포럼도 개최했어. 함께해 주신 어른들이 있었기에 가능했던 일이야. 그렇게 기초 자치구 의회부터 시의회, 국회까지 가서 당사자로서 목소리를 냈어. 지자체에서는 자립준비청년 지원에 관한 조례가 만들어지기도 했지. 그럼에도 불구하고 아직도 사각지대에 놓이거나 정보 접근성의 벽을 느끼고, 사회적 울타리의 보호를 받지 못하는 등 다양한 어려움에 놓인 자립준비청년이 많아.

만나는 어른들이 항상 하시는 질문이 있어.

"너희에게는 어떤 도움이 필요하니?"

나는 그 물음에 쉽게 대답할 수 없어. 각자 살아온 환경이 다르기 때문이야.

우리의 목소리가 중요하고, 목소리를 내지 않으면 변하는 것도 없다고 생각해. 물론 자신을 드러내는 것에 어려움이 있을 거야. 먼저 자립준비청년을 바라보는 사회의 시선과 인식 개선이 필요해. 내가 캠페이너로서 활동하는 것도 그것 때문이야. 나의 이야기가 모든 자립준비청년의 삶을 대변하기 어렵겠지만, 포기가 아닌 용기로 한 발짝 더 나아가는 계기가 되었으면 좋겠어.

기아대책 마이리얼캠페이너로 활동하면서 자립준비청년의 이야기가 세상 밖으로 나올 수 있게 되어 감사해. 기아대책 마이리얼캠페이너는 자립준비청년의 사회적 인식 개선을 위한 캠페인 활동을 말해. 자립준비청년의 존재가 세상에 알려지면서 더는 안타까운 일이 생기지 않으려면 자립준비청년의 용기가 필요하다고 생각했어. 말할 수 없는 비밀을 가지고 살아가는 우리 또한 사랑 받을 존재라는 걸 책을 통해 알리고자 캠페이너가 되었어.

나는 원래 받는 것이 어색하고, 도움을 주고 베푸는 것이 더 쉬운 사람이었어. 그래서 자립준비청년이 되어 받았던 도움이 처음에는 어색했지만, 지나고 보니 부모의 역할을 해주신 분이 많았다는 걸 깨닫게 되었어. 많은 관심과 따뜻한 손길을 내밀어 주신 분들 덕분에 더 나은 삶을 살아갈 수 있었어. 그분들처럼 나도 받는 것에 그치지 않고 베풀고 나누는 삶을 살기로 다짐하며 이 글을 마쳐.

쏘양에게

"태양이 떠오르는 것처럼"

고은아

쏘양, 안녕?

이렇게 글로 쓰려니 조금 어색하네.

너를 한 단어로 표현한다면 하늘에 있는 태양이 떠올라. 태양은 스스로가 뜨거운 열정으로 타올라서 다른 생명을 따뜻한 온기로 감싸 주고, 양분을 주잖아. 태양을 통해 밝아진 세상은 그 속에 살고 있는 사람들을 웃음 짓게 해.

계절에 따라 일출과 일몰 시간이 항상 달라지잖아. 그럼에도 변함없이 항상 태양이 떠오르는 것처럼, 너도 쉬엄쉬엄, 천천히, 꾸준히 떠오르길 바라.

평소에 너를 보면서 하는 생각이 있어.

'네가 대한민국 다 먹여 살린다, 좀 쉬어, 제발!, 원동력이 뭘까?, 너 같은 사람이 있어서 다행이다.' 그리고 '내 주변에 있어 줘서 고맙다.'

과장이 섞였다고 생각할 수 있겠지만, 정말로 내가 종종 하는 생각이야. 사람은 누구나 맡은 역할이 있고, 각자 자기 자리에서 그 역할을 수행하잖아. 그렇기에 사회가 유지될 수 있다고 생각해. 너는 그중에서도 네가 가장 잘할 수 있는 역할을 택한 것 같아. 그리고 그에 어울리는 책임감이 있어 보이고. 대한민국 전역에 너의 선한 영향력이 퍼지는 것 같아서 든든하고 자랑스러워. 이제 타인에게 쏟는 에너지를 너에게로 옮겨 가면 좋겠어. 그러니 무엇보다 중요한 건강 열심히 챙기고.

말이 좀 길어진 것 같네. 네 덕분에 평소에는 잘 쓰지 않던 글을 써 본다. 신경 써서 쓴 글이니까 좋게 봐줬으면 좋겠어.

살아가면서 두려움이 없을 수는 없잖아. 물론 나도 그렇고. 하지만 자신감이 두려움을 상쇄할 수 있다고 생각해. 두려움이 나가고, 그 자리가 자신감으로 채워지는 날들이 계속

되길 바라.

앞으로 무얼 하든 꾸준한 사람이 되었으면 좋겠어.

넌 있는 그대로도 빛나는 사람이니까!

_ 은아가

쏘양에게

"널 만나고"

· 오여명

    글을 쓰려고 책상 앞에 앉았더니 처음 쏘양을 만났던 날이 머릿속을 스쳐 지나갔다. 나는 쏘양의 친한 동네 형이다. 작년 10월, 선선했던 가을의 어느 주말이었다. 당시 우리 지역에서는 자립준비청년의 안타까운 일이 발생한 상황이었고, 나와 회사 식구들을 포함하여 몇몇 뜻 있는 지역 내 활동가와 관련 종사자들이 자립준비청년을 돕기 위한 네트워크를 구축하고자 마음을 모으고 있었다. 그 때 자립준비청년인 쏘양을 마주하게 됐다.

    첫 만남이라 편한 자리에서 만날 법도 했는데 우린 카페도 디저트 가게도 아닌 무려 알탕집에서 알탕을 먹으며 이야기를 나누게 됐다. 첫 만남에 알탕이라니, 부담스러운 메뉴였다. 심지어 쏘양은 알탕을 좋아하지 않았는데 어떻게 된 일이었을까. 사실 약속 장소를 정한 것은 나였다. 제대로 알아보고 정해야 했는데 하필 가기로 했던 식당이 전부 문을 닫은 상태였고, 근처에 문을 연 곳은 알탕을 파는 식당뿐이었다. 기분 상할 만한데도 분위기는 아주 화기애애했다. 쏘양은 아주 밝고 싹싹하고 똑똑한 친구였다. 그때까지도 나는 자립준비청년에 대해 잘 몰랐다. 그리고 우리는 그날 많은 이야기를 나누었다.

그 이후로 몇 번 더 만나 자립준비청년들의 이야기를 자세하게 들을 수 있었고, 이 친구들이 본인과 같은 환경에 놓인 친구들을 위해서 지역에서 다양한 활동을 해보고 싶어한다는 것을 알게 되었다.

우리는 지역에서 이 친구들과 함께 할 수 있는 일, 이 친구들을 도울 수 있는 일이 무엇일지 고민한 끝에, '월간식구'라는 작은 커뮤니티를 만들었다. 자립준비청년들과 지역 내 관련 업무 종사자, 활동가, 그 외에도 다양한 사람들이 한 달에 한 번씩 같이 밥을 먹고 이야기를 나누는 자리를 통해 서로의 사회적 가족이 되어 주기로 한 것이다.

나는 1년이 넘는 시간 동안 쏘양을 만나 오며 생소했던 사회적 가족에 나만의 새로운 의미를 갖게 됐다. 처음 몇 달간은 서로를 '쌤'이라고 부르며 어색함만 흐른 날도 있었다. 하지만 우리는 조금씩 가까워졌고 시간이 흐르면서 쏘양은 때론 친한 동생, 후배, 친구, 나아가 정말 가족 같이 가까운 사이가 되었다. 1년이란 시간이 참 짧다고 느껴질 법도 한데 이 시간 동안 나는 쏘양과 정말 많은 일을 경험했고 또 함께할 수 있음에 너무나도 큰 고마움을 느꼈다. 쏘양의 존재가 나에게 이미 가족 이상이 된 것이다.

처음에는 쏘양을 단순히 도와줘야 하는 대상이라고만 생각했다. 하지만 한번 친해지기 시작하니 서로에게 많은 것을 공유하고, 함께하는 날도 점점 많아졌다. 태어나서 처음 낚시를 한 날, 내 옆에는 쏘양이 있었다. 한 번도 가 본 적 없는 부여에 같이 간 친구 역시 쏘양이었다. 내가 힘들 때 옆에서 위로와 용기를 전해 준 녀석도 쏘양이었다. 이외에도 우린 많은 것을 함께 하고 같이 웃으며 행복을 나눴다.

쏘양! 나는 너라는 사람을 알게 된 것만으로도 참 행복해. 나에게 너와의 만남은 큰 선물이고 기쁨이었어. 우리 언젠가 같이 유럽 여행 가기로 했잖아. 또 무슨 재미난 일들을 해볼래? 이 글을 쓰고 있는 지금 이 순간에도 너와 함께 할 일들이 기대되고 설렌다.

누구보다 열심히 살고 최선을 다하고 있는 널 응원한다.

_여명이

쏘양에게

"너를 응원해"

· 너의 멘토

    우연히 텔레비전에서 자립준비청년이 출연하여 열심히 사는 모습을 담은 프로그램을 시청하면서 자립준비청년에 대해 알게 되었어. 얼마 후 자립준비청년들을 위한 멘토링 사업이 실시되면서 멘토를 모집한다는 소식을 접하고 지원하게 되었지.

    60여 년을 살아오면서 어떤 특별한 지식이 아닌 경험을 통해 자아존중감이 높아야 행복하고 주변 사람들을 돌아볼 수 있다는 생각을 가지게 되었어. 멘토링 활동의 목표도 자신을 알아가는 기록을 통해 자아존중감을 높일 수 있는 자아 성찰을 주제로 하기에 지원하게 되었어.

벚꽃이 피는 따뜻한 봄이 찾아올 무렵부터 누군가를 만나길 기다렸지만 쉽게 멘티와 연결되지 못했어. 그렇게 뜨거운 태양이 내리쬐는 여름이 되어서야 너를 만나게 되었지.

두 손을 겹쳐 무릎에 얹고 몸의 반은 멘토인 나를 향해 있는 너를 보면서 첫 만남이어서 특별히 더 예의바른 모습을 보여 주려는 것인가 하고 생각했어. 하지만 2년에 걸쳐 진행되는 멘토링 동안 너는 꾸준히 예의를 지키며 멘토링에 임하는 바른 청년이었어.

자립준비청년들은 나같은 어른처럼 나이 든 사람과 생활할 기회가 부족한 탓에 멘토링을 받아들이는 데 시간이 필요하다고 하지. 그래서 멘토는 기다림을 선물로 배우기도 해. 재촉하지 않고, 가르치려 하지 않고, 묵묵히 옆에서 바라보았어. 식사는 했는지, 메뉴는 무엇을 먹었는지, 더운데 잘 지내는지, 추운데 감기는 들지 않았는지, 만나면 마음 상태는 어떠한지 묻는 일상을 너는 마음으로 받아들였어. 너의 표정이 약간 경직되어 있어서 만날 때마다 웃음 짓는 연습을 시켰지.

네가 환하게 웃을 때는 "지금 그 미소 딱 좋아"라고 말하며 함께 웃기도 했지.

부탁이 있어.

주위로부터 받은 사랑을 또 다른 사람들에게 나누어 주려는 너의 그 따뜻한 마음을 보며 감사함을 느낄 때가 있어. 다른 자립준비청년들에게 멘토가 되어 주며 열심히 사는 너의 모습도 마찬가지야. 청년으로서 경험해 보고 싶은 것도 엄청 많겠지. 어떤 경험을 하는가에 따라 너의 진로가 달라지기도 하니 너무 장기적인 계획보다는 1년 후, 3년 후, 5년 후 정도 축약된 계획을 그려 보고, 경험해 보고 알찬 계획으로 너의 시간도 배려하며 살아갔으면 해.

너와 함께한 2년 동안 나도 기다려 주는 어른이 되었단다. 너는 어떤 만남에서든 좋은 변화를 이끌어 내는 사람이야. 네가 당당하고 떳떳하게 자신을 사랑하고 행복을 느끼며 살아가길 바라는 마음이 간절하단다.

햇살처럼 찬란하고 빛날 너의 인생을 응원한다.

_ 너의 멘토가

태리
담다

아동복지시설에서 보호종료 이후 자립준비청년이 되었다. 자립을 시작할 때는 정책지원이 잘 이루어지지 않아 혼자서 모든 것을 해야 하는 어려움이 있었다. 지금은 자립준비청년에 대한 관심이 높아진 덕분에 지원을 받아 더 나은 자립을 위해 노력하고 있다. 물론 앞으로 결혼을 하여 가정을 꾸려 나가는 일, 경력을 쌓는 일 등 많은 고민거리와 불안을 안고 있지만 그 과정 속에서 더 나은 삶을 꿈꾼다. 홀로 서야 하기에 노력을 게을리 하지 않고 그 꿈을 위해서 뚜벅뚜벅 걸어가고 있다.

복통

아무 소리도 들리지 않는 고요한 새벽, 곤히 자고 있는데 "일어나 봐" 하는 미세한 소리가 들렸어. 나는 가볍게 그 소리를 무시했어. 얼마 지나지 않아 또다시 "일어나 봐" 하는 소리가 들렸지만 나 역시 한 번 더 무시했지. 하지만 또다시 들리는 "일어나 봐" 소리에 성가시기 시작했어. 나는 그 소리를 또 무시하고 잠에서 깨지 않으려고, 더 깊게 잠들려고 노력했어. 그랬더니 갑자기 "네가 어제 먹은 매운 떡볶이 때문에 배가 아프잖아!" 하는 소리가 들렸어. 어떻게 좀 해달라는 요구에 나는 화장실로 직행했어. 너의 아픔을 진작 들어주지 못해서 미안해.

지나가던 길에 퉁퉁 부은 눈으로 미소 짓는 아이와 눈이 마주쳤어. 그 아이는 나를 보더니 주르륵 눈물을 흘렸어. 나는 순간 숙연한 마음이 들었어. 그 아이를 바라보는데 조용히 눈물이 났어. 그 아이를 가만히 안아 주며 너의 아픔을 몰라봐 줘서 미안하다고 말을 건넸어. 그 아이는 "저는 괜찮아요"라고 말하면서 애써 눈물을 참았어.

여태까지 살아오면서 나는 나의 상처와 아픔을 무시한 채, '다른 사람들은 나를 어떻게 볼까?' 생각하며 나의 기분과 감정보다 상대방의 기분을 더 생각하는 사람이었어.

나도 느슨한 사람이 되고 싶었어. 나의 벽은 너무 두꺼워서 사람들은 나에게 쉽게 다가오지 못했어. 그야말로 남들에게 어려운 사람이었지. 나도 그런 나를 잘 알아.

가끔 나와 결이 맞는 친구와 레고 블록 쌓기를 하며 시간을 보내. 나에게 블록 쌓기란 '대화의 시간'이야. 함께 레고를 조립하며 서로 허심탄회한 대화를 나누거든.

처음에는 나의 이야기를 말로 표현하는 법이 어려울 뿐더러 누군가에게 털어놓는다는 것이 너무 힘들었어. 나는 모든 책임을 홀로 지려고 하는 사람이라서 누군가에게 나의 문제와 어려움을 털어놓는 것이 무척 어려워.

최근에 서울에 어떤 교육을 받으러 간 적이 있어. 그곳에서 오랜만에 친구를 만났어. 단둘이 차로 이동하면서 서로의 근황을 물으며 대화가 오갔는데, 우리 둘 사이에는 보이지 않지만 두꺼운 벽이 존재하고 있었어.

그런 벽이 생길 때면 그 벽의 주인은 거의 대부분 나였어. 그런데 어느 날 벽이 얇아지고 느슨한 보호막만 남은 듯한 느낌이 들었어. 벽이 허물어진 것보다 느슨한 보호막이 있다는 사실이 더 기뻤어. 이 보호막은 필터링 없이 무분별하게 다가오는 무례한 말로부터 나를 지킬 수 있는 것이었으니까.

도자기와 화병

아프리카 우간다에 누가 만들었는지 알 수 없는 도자기가 하나 있었어. 사람들이 거의 지나다니지 않는 길의 끝 모퉁이 바닥에 두 동강이 나 널브러진 도자기가 햇빛을 받아 빛을 뿜

어냈어. 그 빛을 본 선교사님은 그 도자기를 숙소로 가져왔어. 그날 밤 도자기는 생각했어.

'아무도 관심 없던 나를 왜 주워 왔을까?'

선교사님의 행동이 전혀 이해가 되지 않았어. 그런데 말이야, 선교사님의 손을 거친 그 깨진 도자기는 온전한 도자기로 다시 태어나게 되었어.

다음 날 이른 아침, 담요에 싸여 나무 상자에 들어가 차에 실린 지 20여 분쯤 지났을까? 나름 인적이 있는 '아비예'라는 마을에 도착했어. 선교사님은 도자기를 우물가에 놓아두셨고, 볕이 뜨겁게 내리쬐던 날 도자기는 불평불만을 쏟아놓기 시작했어.

"아무도 보지 않는 길모퉁이에 있었으면 더 편했을 텐데 왜 나를 이리로 데려다 놓은 거야."

그때 갑자기 사람들이 하나둘 몰리기 시작했어. 사람들이 말했어.

"할아버지가 많이 위독하신데, 마실 물이 있어 다행이야."

그러자 도자기는 불평불만을 늘어놨던 자신이 부끄러웠어. 깨진 후에는 아무도 관심을 주지 않았는데, 이렇게 다시 태어나 누군가 마실 물을 담을 도자기가 되었다는 사실에 감사했어.

지금까지 매일 감사하며 살고 있는 한 도자기의 이야기야.

48년 된 도공이 화려한 화병을 하나 만들었어. 도공이 혼신을 다해 섬세하고 고귀하게 빚은 이 화병은 여유로운 집의 한 부부에게 가게 되었어. 그곳에서 이 화병은 가지각색의 꽃을 담게 되었어. 화병의 자리는 그야말로 상등석이었지. 스칸디나비아풍 인테리어로 꾸며진 큰 창문의 반대편에서 화병은 변함없이 그 자리를 지키며 살았어.

사람들은 깨진 도자기와 화려한 화병 중 어떤 삶을 살기를 원할까? 나는 예쁜 꽃을 담는 평온하고 화려한 화병도 좋지만, 내가 살아있음을 느끼게 해주는 이유, 내가 태어난 목적, 나만의 사명을 가지고 살고 싶어. 나에게 주어진 일이 큰 일이든 작은 일이든 스스로 짊어지고 가야 할 게 있다면, 두렵지만 기꺼이 그 일을 하면서 걸어가고 싶어. 나 자신도 중요하지만 나와 더불어 남을 비춰 주는 그런 사람이 되고 싶어.

나에게 쓰는 편지

너는 오랫동안 빛을 보지 못했어. 그렇게 홀로 남을 위해 희생하며 잠시 방 안의 냉기 속에 몸을 누이고 다시 세상으로 나갔지. 살갗이 에일 듯한 거친 겨울을 견뎌 돌고 돌아 이렇게 만났네. 너는 나를 만난 것이 큰 행운이라고 말했지. 의아했어. 나는 꺼질 듯 말 듯 미미한 빛을 내던 사람에 불과했으니까. 너를 만나 희미하게 빛을 내던 내가 실은 너에게 세상 그 누구보다 따뜻하고 밝은 빛을 내고 있다는 사실을 뒤늦게 깨달았어.

그동안 나에게 많은 일이 있었어. 끊임없이 노력했지만 자주 엎어졌고, 빛을 보지 못한 채 오랫동안 홀로 있었어. 그때를 생각하면 아직도 마음이 아려와. 네가 행복하기를 바라는 마음으로 내보인 웃음 뒤에는 보여 주고 싶지 않은 나만의 슬픔과 상처가 있어.

사실 지금도 불안정할 때가 많아. 그런 나에게 너는 나를 만난 것이 행운이라고 말하네. 사실 그 말이 두려워. 아직

아물지 않은 상처가 불쑥 나타날까 봐, 그래서 혹여 칼날처럼 날카로운 말로 너의 마음을 벨까 봐, 너의 빛을 아예 꺼트려 버릴까 봐. 오래고 거친 겨울을 이겨 온 네가 내게 말해. 내가 나쁘게 변할까 봐 무섭다고. 그러면서 너는 내가 그렇게 되면 꼭 잡아 주겠다고 말했어. 너의 아물지 않은 상처가 너를 잘못된 길로 인도하면, 그때는 내가 널 잡아 줄게. 시간이 흘러 삶의 여유가 찾아왔을 때 행복해진 너의 삶에 과거의 아픔이 불청객으로 찾아와 너를 짓밟으려고 하면 내가 막아 줄게.

태리에게

"너의 이름을 부르며"

• 안
　연
　주

　한 아이가 유치원에서 방울토마토 화분을 받아왔다고 자랑했어. 투박한 글씨로 '방울이'라는 이름표도 만들어 주었지. 화분에는 아직 열매가 하나도 맺히지 않은 푸릇한 식물이 심겨져 있었어.

　시간이 지나 열매가 하나둘 맺히기 시작했을 때, 아이는 나에게 이렇게 말했어.

　"이건 내가 아침밥 먹기 싫은데 먹으라고 해서 짜증났을 때 생긴 토마토야. 이건 밖에서 오리 인형 잃어버린 날 생긴 토마토고, 이건 놀이터에서 킥보드 타고 놀다 온 날 생긴 토마토. 이건 이모랑 영상통화 한 날 보여 준 그 토마토야."

"그럼, 이모한테 인형 잃어버린 날 생긴 토마토 하나 줄래?"

내가 물으니 아이가 말했어.

"다 내 토마토인데? 이 화분은 내 거야."

얼마 뒤에 다시 만났을 때, 아이가 말했어.

"이모, 이제 방울이한테 토마토 엄청 많이 열렸다. 가서 구경해 봐!"

하지만 언제 생긴 토마토인지는 이야기해 주지 않았지. 주렁주렁 열린 토마토는 이제 이런 토마토 저런 토마토가 아니라 '방울이' 자체로 불렸어.

그러는 동안 화분에 붙여진 이름표는 손때가 묻어 꽤나 낡아 있었어. 물에 번지고 때가 탄 이름표 위에 덧쓰기를 반복하고 나중에는 그 위에 테이프를 붙여 더는 지워지지 않게 했더라.

아이에게 선물로 받은 방울토마토 두어 개를 주머니 속에서 만지작거리며 집에 돌아오는 길에 생각했어.

'내가 나에게 조금 더 다정했다면 좋았겠다.'

마음이 깃든 것들은 모두 낡아 가는 법인데, 마주칠 때마다 너무나도 새것 같아 다루기 서투른 내 마음과 기억들에게, 자꾸만 지워져 있는 내 이름에게 미안해지는 저녁이었어.

이런 기억도 저런 기억도 모두 다 방울이가 되고, 모두 다 내 토마토라고 말하던 아이처럼, 열매 하나하나에 마음을 기울이고, 다른 무엇들로 이름이 지워질 때마다 더 선명히 이름을 덧써 주었던 그 아이처럼, 내가 나를 더 선명하게 지켜 주고, 조금 더 다정해야겠다고 생각했어.

지나오며 마음이 울던 날들, 남이 나에게, 내가 나에게 돌던지던 날들, 그래서 너무나 출렁이던 날들, 그 결에 반짝이던 날들, 그 반짝임까지도 몹시 서러웠던 날들, 삶이 나에게, 내가 삶에게 너무나도 모질었던 날들, 그 안에서 모든 시간을 견디며 자라왔던 날들, 누군가에게 큰 짐이 되기도 하고 큰 힘이 되기도 했던 날들 속에서 우리가 어떤 모습이었고 지금 어떤 모습이든, 그럼에도 우리는 살고자 애쓰는 존재라는 것을 매 순간 기억하려고 해.

어떤 날들 속에 어떤 모습으로 있을지라도 내 이름이 사라지지 않기를, 이름이 지워지는 날에는 더 선명히 이름을 덧써 주기를, 그리고 이름이 낡을 때까지, 마음 담아 서로를 불러 주는 사람들과 함께 두 발로 오롯이 서 있기를 바라.

당신의 이름을 부르며….

_ 연주가

트리버
담다

완연한 가을날이었다. 열한 살 남자아이가 반팔과 반바지 차림으로 어두운 밤길을 걷고 있었다. 그때 갑자기 차에 타라는 어른들의 말을 듣고 목적지도 모른 채 두려움과 호기심이 뒤섞여 가게 된 곳이 시설이었다. 그렇게 아동양육시설 입소라는 새로운 시작을 하게 되었다. 지금 생각해 보면 어딘지도 모르는 곳으로 가는 길에는 따뜻한 햇살이 드리우기도 하고 태풍이 몰아치기도 했다. 그 길에서 흔들리지 않고 뿌리내리는 법을 배웠다. 지금은 기본에 충실한 삶을 살며 꿈을 위해 정진하고 있다.

안녕, 나는 트리버야.

지금부터 내 이야기를 해보려고 해. 자립준비청년들은 출발선이 다르다고 생각하면서 좌절하지 말고 기본에 충실하면 좋겠어. "왜 기본에 충실해야 하지?"라는 의문에 대한 대답을 내 이야기로 대신해 볼게.

이 말을 처음 들었을 때가 생각나. 내가 따르는 어른이 해주신 말이거든.

"나무가 뿌리를 내릴 때는 시간이 많이 필요해. 그 시간은 네가 생각하는 것보다 오래 걸릴 거야. 하지만 조급해하지 말고 착실하게 기본에 집중하다 보면 어느 순간 땅 깊숙이 뿌리를 내리고 있을 거야."

이 말을 듣고 난 되물었지.

"왜요? 이게 기본에 충실한 것과 무슨 상관이죠?"

그러자 그분은 또 다른 이야기를 들려주셨어.

"대나무 죽순 있지? 씨앗에서 죽순까지 올라오려면 시간이 오래 걸리지만, 죽순이 되고 나서는 하루에 수십 센티미터가 커. 트리버야, 이 이야기를 듣고 무슨 생각이 들어?"

나는 이렇게 대답했어.

"마치 제 이야기 같아요. 왜냐하면 저도 아직은 성장기니깐. 경험을 많이 쌓고 나서 나중에 때가 되면 꿈을 크게 펼칠 수 있을 거 같아요."

그러니까 그 어른은 웃으며 그런 의미가 아니라고 하셨어.

"그럼, 어떤 뜻이 담겨 있어요?"

"기본에 충실해 봐. 정상의 자리에 서서 누군가에게 가르침을 줄 수 있으려면 기본에 충실하고 기본을 지키려고 하는 모습을 보여 주어야 해. 트리버도 언제가 정상의 자리에 서서 그런 모습을 보여 주면 좋을 것 같아서 하는 이야기야."

그 이야기를 들은 나는 갑자기 머리를 세게 맞은 것 같았어.

나는 악착같이 살아왔거든. 그래서 이런 말을 해줄 어른이 주변에 없었어. 우리 같이 기본에 충실해 보면 어떨까.

제일 먼저 인사부터 신경 써 보자. 아침에 만나는 이들에게 "안녕하세요?" 하고 먼저 인사를 건네는 게 처음엔 좀 어색하겠지만, 천천히 하나씩 해보는 거야. 변화는 처음에 어렵게 느껴지고 중간에 실수할 수도 있지만, 마지막은 아주 멋있을 거야.

나도 처음에는 변화를 무서워하고 실수를 두려워했지만, 긍정적으로 삶을 살아가다 보니 도전할 수 있는 사람이 되었어.

기본에 충실하기 위해 경험을 차곡차곡 쌓았어. 그것은 돈을 모으는 것보다 값졌어. 경험이 나를 현명하게 만들었기에 여러 변화를 만들어 냈어. '나'여서가 아니라 모두가 할 수 있는 일이야. 시작하기 어렵겠지만, 이 글을 읽고 도전할 용기가 생겼으면 좋겠어.

그렇게 시간이 지나 '기본에 충실하면서 살고 있나?'라는 물음을 문득 스스로에게 던지고 뒤돌아보면 포기하기 싫을 만큼 많은 것이 이루어져 있을 거야. 기본에 충실하기 위해 스스로 곱씹으며 했던 나의 이야기가 있어. 부담 없이 읽어 줘.

태양이 천천히 떨어지면서 그림자가 길어지고, 시간은 무심하게 흘러갔어. 그때 작은 카페에서 커피 한 잔 마시며 미래에 대한 고민에 잠겨 있었어. 카페 창밖의 풍경을 바라보고 있었지만, 내 마음은 새로운 아이디어와 비즈니스에 대한 꿈으로 가득 차 있었어. 내 머릿속에는 생각들이 넘쳐흘렀어. 이제까지의 일상에서 벗어나 더 큰 꿈을 향해 나아가고자 했지.

그때 결심했어.

"이제부터 기본에 충실할 것이다."

"어떤 일이든 먼저 기본을 탄탄히 다지고 나서야만 성공할 수 있을 것이다."

내 결심은 단단했고, 내 마음속에는 강한 의지와 열정이 가득했어. 나는 어떤 어려움이든 이겨 내겠다는 다짐으로 가득 차 있었어.

나는 능력을 향상시키기 위해 열심히 노력했어. 새로운 분야에서 필요한 지식과 기술을 습득하고자 책을 읽고 강의를 들으며 내 아이디어를 실험해 보았어. 그러나 노력은 쉽게 보상받지 못했어. 처음부터 성공하는 것은 어려웠고, 내 노력은 지루하고 힘든 순간들로 가득 찼어. 필요한 기술과 능력을 갖추

고자 힘들고 지루한 운동에 매달렸어. 이 운동은 새로운 도전과 어려움을 안겨 주었지만, 이를 극복하고자 했어.

운동은 단순하고 반복적이었어. 매일 같은 일상을 반복하며 능력을 향상시키고, 새로운 자세를 익히기 위해 노력하기보다는 기본자세를 완벽하게 하기 위해 노력했어. 그러나 이 모든 것 또한 쉽게 이루어지지 않았어. 운동은 종종 지루하고 힘든 순간들로 가득 찼고, 때로는 내 의지를 시험하기도 했어.

나는 포기하지 않았어. 기본에 충실하고자 했기 때문에, 그 어떤 어려움도 극복하려고 했지. 오히려 그 어려움을 이겨 내고자 더 힘썼어. 스스로의 한계를 넘어서고자 매일 밤 헬스장에 남아서 추가 훈련을 했고 내 이런 열정과 노력은 점차 결실을 맺어 갔어. 노력과 열정은 나를 앞으로 나아가게 했어. 조금씩 꿈을 향해 단단한 발걸음을 내딛었어. 이제 미래는 밝고 희망적으로 보였고, 어떤 도전이든 이겨 낼 자신이 생겼어.

새로운 도전에 대한 열정으로 가득 차 있었지만, 현실에서 마주한 어려움은 내 열정을 시험하는 시간이었어. 처음 몇 달은 PT 수업을 위해 시간과 에너지를 쏟아부었지만, 예상치 못한 상황과 뜻밖의 도전들이 나를 휘어잡곤 했어.

PT 전문가가 되는 가장 큰 어려움 중 하나는 데이터 부족이었어. 처음에는 충분한 데이터를 확보했다고 생각했지만, 예상치 못한 PT 문의에 회원이 불어나며 데이터가 고갈되었어. 이에 따라 생긴 지식적인 어려움은 내 PT 수업에 큰 타격을 입히고, 나는 처음으로 실패를 마주하게 되었어.

시간적 문제와 기술적인 부족도 어려움을 줬어. 새로운 운동 방법은 기술적인 노하우가 필요했지만, 나는 기술을 충분히 보유하고 있지 않았어. 이에 따라 PT의 능률이 떨어지고 예상치 못한 기술적인 문제들이 발생했지. 회원과의 의사소통과 협업이 원활하지 않아 수업이 중단되는 경우도 있었어.

그래도 나는 포기하지 않았어. 오히려 그 어려움을 극복하고자 노력했어. 먼저, 데이터 부족 문제를 해결하기 위해 다양한 방법을 모색했어. 친구와 가족에게 운동법을 알려 주고 헬스장에서는 회원을 찾기 위해 노력했어. 또한, 커리큘럼을 수정하고 운동 방법을 재조정하여 PT 수업 문제를 완화시켰어.

기술적인 문제에 대해서는 전문가와 컨설턴트들을 찾아 상담을 받았어. 부족한 부분을 보완하기 위해 다양한 기술 정보와 자료를 습득하며 문제를 해결해 나갔어. 또한, 회원들과의 소통과 친밀감을 강화하기 위해 세미나를 자주 듣고 동종업계 선생님들과 의견을 교환하는 자리를 마련했어.

어려움을 극복하는 과정에서 나는 많은 것을 배웠어. 어려운 시기에도 포기하지 않는 인내심과 그 인내심의 중요성을 깨달았어. 소통과 친밀감의 중요성을 깨달았고, 회원들과의 소통을 통해 문제를 해결하는 방법을 배웠어.

다행히 모든 노력과 희망은 결실을 맺었고, PT 수업을 성공적으로 재출발시켰어. 그 순간은 나에게 불가능한 것이 없다는 것을 증명해 주었어. 목표를 이루었고, 내가 상상한 것 이상의 성취감과 자신감을 선물해 주었어. 이제 더 이상 두렵지 않게 되었어. 오히려 도전을 환영하게 되었지.

더 이상 과거에 머무르지 않고, 더 나은 미래를 향해 나아갈 거야. 경험을 통해 배운 것들을 바탕으로 더 나은 선택을 하고,

더 나은 삶을 살 거야.

나는 또 새로운 도전을 준비하고 있어. 더 큰 꿈을 꾸며, 더 높은 목표를 향해 나아가고 있어. 지금의 성공은 끝이 아니라 시작에 불과한 거라고 확신해.

트리버에게

"마라톤을 뛰는 너에게"

• 쏘양

　어디서부터 어떻게 잘못된 건지, 어디서 길을 잃었는지 잘 모르겠다고 느낄 때 있잖아. 그럴 때는 잠깐 주저앉아 있어도 돼. 슬프면 울고, 아프면 쉬고.

　아픔은 참는 것도, 참아야 하는 것도 아니야. 갑자기 찾아오는 것도 아니야. 아프다고, 힘들다고 신호를 보내고 있는데, 우리가 알아채지 못했을 뿐이야. 알아줘야 해. 스스로 귀를 기울여 줘야 해.

　쉬면서도 문득 내가 지금 이럴 때가 아닌데, 어서 다시 일어나야 하는데, 이러다가 남들보다 뒤처지는 건 아닌가 하는 걱정이 들 거야. 그 걱정과 염려는 잠시 미뤄 두고, 충분히 쉬었다가 가.

쉬다 보면 열정이 조금 식는 건 당연한 거야. 그렇다고 해서 다시 달리지 못하게 되는 건 아니야. 다시 달리기 위한 준비를 하는 거지. 달리기 전 준비하는 과정에서도 너를 믿어 줘. 더 큰 도약을 위해 잠시 머무르는 거니까.

그렇게 준비를 마치고 다시 달리기 시작할 때는 단거리 달리기가 아니라 마라톤을 시작할 거야. 뛰는 순간이 노동이라고 느끼지 않도록 해야 해. 페이스 조절한다는 말 들어봤지? 지금부터 함께 뛰는 이들이 가는 길이 아닌 자신만의 길을 가야 해.

그 길에는 다양한 장애물이 존재할 거야. 커다란 태풍을 만나기도 하겠지. 우리가 오늘 만난 태풍은 지나가는 태풍이래. 모든 태풍은 지나가는 태풍인 거야. 그렇게 무사히 지나가겠지.

태풍을 만났다고 좌절하거나 네가 한 선택을 후회하지 마. 좌절과 후회 같은 건 선택을 해본 사람만 겪을 수 있는 하나의 과정이고 특권 같은 거야. 특별해야만 받는 게 아니야.

그 과정을 잘 기억해. 어떻게 그 과정을 지나왔는지 절대 잊지 마. 시간이 지나 후회하고 좌절하는 게 두렵지 않을 때 너는 단단해지고 성장할 거야.

누구나 높은 곳은 위험하다고 말할 때도 너는 그 위험함을 딛고 높이 올라설 수 있는 사람이 되겠지. 두려움은 용기를 불러일으키고, 위험은 성장을 불러일으켜.

그런 미래는 지금의 공백을 채워 나가는 한 페이지가 되겠지. 쓰고자 하는 길을 펼쳐 나가고 싶을 때 새로운 페이지를 펼쳐 흔적을 남겨 줘.

햇살처럼 찬란하게 빛날 너를 응원할게.

_ 쏘양이

[　]
담다

건흡 담다
나무 담다
다솜 담다
민교 담다
용돌 담다
장건 담다
준이 담다

건흅 담다

· 송건흅

나는 아동복지시설에서 20년 가까이 생활하다 자립한 7년 차 자립준비청년이야.

오로지 혼자 계획하고 선택하며 살아가야 하는 자립.

자립이란 두 글자가 누군가에겐 설레고 기대되는 행복함으로, 누군가에겐 별다른 의미 없는 어색함으로, 누군가에겐 앞을 알 수 없어 무서운 두려움으로 다가온다고 생각해.

그런 의미에서 나의 자립 이야기를 하기 앞서서 먼저 예비자립준비청년들에게 '본인에게 있어서 자립이란 무엇인가?'와 '하루를 어떻게 보내고 있는가?' 하는 두 가지 질문을 하고 싶어.

나는 대학 졸업을 2년 앞둔 시기에 불현듯 졸업 후 자립해서 혼자 생활하며 취업 준비를 해야 한다는 두려움과 마주했어. 이런 두려움과 걱정으로 인해 시작된 자립에 대한 고민은 결국 집과 돈에 관한 것이었는데, 집은 LH 주거 지원으로, 돈은 정착금, 디딤씨앗통장, 한국장학재단 국가 근로, 아르바이트 등으로 해결하는 쪽으로 초점을 맞추었어.

이 과정에서 주거로 인해 나가는 고정 지출, 국가 근로와 아르바이트로 인해 벌어들이는 고정 수입, 생활비 고정 지출 등을 점검하면서 엄청 꼼꼼하고 체계적으로 계획을 세웠어. 그리고 선생님과 원장님을 찾아가 이런 계획을 말씀 드리고 대학 졸업(연장 보호가 종료되는 시기) 전에 자립하고 싶은 이유를 설명했어.

드디어 자립하게 되었을 때는 완벽한 계획으로 인한 성공적인 자립이라고 생각하며 설렘과 행복감을 느꼈고, 아주 행복한 대학 생활을 할 수 있었어.

하지만 문제는 대학 졸업 시기에 찾아왔어. 처음부터 없었던 가족의 인연도, 퇴소 후 사라진 시설의 인연도 없이 대학만

이 유대감을 느낄 수 있는 유일한 연결 고리였던 나에게 대학 졸업은 마지막 남은 연이 끊긴다는 것을 의미했어. 공허함과 외로움이 나를 깊은 바다로 끌고 들어가는 것 같았어.

이런 감정들과 더불어 취업에 대한 부담감도 찾아와서 졸업 후 나는 현실을 도피하며 하루 24시간을 대부분 게임과 유흥으로 보냈어. 그러다 보니 생활은 점점 피폐해지고, 아침 일찍 일어나야 할 이유가 사라지니 밤에 잠을 자야 할 이유 또한 사라져 낮과 밤이 뒤바뀌고 무엇을 위해 하루를 사는지도 모르는 나날들을 보냈어.

이런 생활을 반복하던 나에게 어느 순간 회의감과 자괴감이 찾아와 '나는 무엇을 위해 하루를 살지?', '어떤 생활을 하고 싶은 거지?', '24시간을 어떻게 하면 알차게 보낼 수 있을까?' 하는 질문을 던지기 시작했고, 낮과 밤이 바뀐 생활을 먼저 고쳐야 한다'라는 생각에 새벽 6시 수영 강습을 다니기 시작했어.

이후 낮과 밤을 되돌리고자 새벽에는 운동을 했고, 낮에는 공부 또는 집안일을 비롯한 해야 할 일을 찾아서 했으며 약속은 저녁에만 잡았어. 그렇게 누군가에게는 너무나도 당연한 하루를 보내기 시작했어. 이러한 생활을 통해 힘들었던 시간에서 벗어날 수 있었지.

    나는 지금까지도 '하루를 어떻게 보내고 싶은가?'라는 질문을 스스로에게 던지며 완전한 자립을 위해 나아가는 과정에 있어. 앞으로 누군가 나와 같은 상황과 감정을 느끼게 된다면, 이 질문을 본인에게 던져 해답을 찾아가길 바라. 그래서 힘든 시간을 최소한으로 보내고 건강한 자립을 하기를 바라.

나무 담다

· 나
　무

　사랑 받지 못해서 생긴 결핍은 사랑 받은 순간을 곱씹는 습관을 남겼어. 어렸을 적, 매일 밤마다 듣던 동화 카세트테이프. 그것이 내게 가장 진하게 남아 있는 사랑의 기억이야.

　아빠의 거친 말들이 아닌 동화에서 흘러나오는 잔잔한 소리 속에서 동생의 허밍이 시작될 수 있게 하던 사랑, 막 단어를 내뱉기 시작한 나에게는 신비로운 단어들을 내뱉을 수 있게 하던 사랑, 문장을 말하는 언니에게는 동화 같은 이야기를 말할 수 있게 하던 사랑. 우리가 밤마다 듣는 동화 카세트테이프는 엄마의 사랑이었어.

우리가 듣던 카세트테이프는 언니가 두 살 무렵 막 걸음마를 떼었을 때부터 듣기 시작했어. TV 화면을 가린다는 이유로 아빠가 끝이 거칠게 갈라진 세탁소 옷걸이를 언니에게 마구 휘두른 그날부터 말이야. 그 아픔을 가리기 위해, 옷걸이에 휘둘리는 상처가 다시는 생기게 하지 않겠다는 엄마의 다짐으로 우리는 카세트테이프를 줄곧 듣게 됐어.

어릴 적 엄마의 눈을 보면 말하지 않아도 그 감정을 느낄 수 있었어. 엄마의 눈에 비친 나는 어떤 것과 견주어도 바꿀 수 없는 사랑스러운 딸이었어.

옷걸이를 휘두르던 포악한 힘에 의해 엄마와 떨어지고 나서 내 삶의 수하물에는 공허, 외로움, 공포가 실리게 되었어. 가끔 이 무거운 수하물들을 싣고 여정을 떠날 때면 칠흑 같은 어둠의 바다에 모두 던져 버리고 싶을 때가 있어. 이를테면 부모님에게도 사랑받지 못했다는 이유로 천대 받을 때, 지독하게 서툴렀던 사랑에 실패했을 때, 바쁜 삶에 떠밀려 나를 찾을 수 없었던 때처럼 사랑보다 공허가 더 크게 느껴질 때 말이야.

그럴 때면 엄마의 카세트테이프, 엄마의 눈과 같은 사랑을 기억해. 사랑의 기억을 천천히 음미해. 내가 왜 사랑 받아야 하는 사람인지 존재론적 질문을 던지고, 매번 바뀌는 답을 떠올리고 나서야 꿀꺽 삼켜 버려.

나도 알고 있어. 왜 사랑 받아야 하는지 매번 질문하고, 사랑 받지 못할 때 좌절하는 습관이 좋지 않다는 것을. 하지만 인생이 원래 마음먹은 대로 흘러가기란 쉽지 않은 일이잖아.

그래서 이 글을 보는 당신에게, 나의 어린 날들에게 전하고 싶어. 우리는 모두 마땅히 사랑 받을 수 있는 사람이라고, 오래된 기억이라도 사랑 받은 기억을 자꾸 꺼내다 보면 마침내 사랑을 주는 것도 할 수 있을 거라고 말이야.

다솜 담다

· 다
솜

　힘든 시기를 보내고 있을 또 다른 나에게 희망이 될 수 있을까 하며 내 이야기를 조금 전해 보려고 해.

　내가 아주 어렸을 때, 나는 어둠이 너무 무서웠어. 어린 시절, 새벽에 화장실이 가고 싶을 때면 꼭 옆에 있는 엄마를 깨워서 가야 했고, 방에서 혼자 잠에 들어야 하는 날이면 방의 전등을 켜야 했어. 어린 시절에는 아무것도 보이지 않는 어둠이 나를 삼켜 버릴까 봐 무서워했던 것 같아.

　나를 평생 지켜 줄 것만 같던 부모님을 더 이상 볼 수 없게 된 날, 그때 알게 되었던 것 같아. 혹시 이런 말 들어본 적 있어?

세상이 무너졌다는 말, 발밑이 무너지는 느낌이라는 말. 그 당시 내 기분을 표현하는 데 그보다 더 적절한 표현은 없을 거야. 나는 그렇게 발밑의 어둠에 집어삼켜졌어.

나는 아무것도 보이지 않아 방황했고, 아무것도 느껴지지 않아서 어둠에 잠긴 채 그저 울기만 했어. 벗어나려고 노력도 했지만, 많은 것이 나를 또다시 아프게 했고 이내 더 깊은 절망에 빠트렸어. 내가 무엇을 그렇게 잘못했기에 남들처럼 포근한 햇살과 함께 지낼 수 없는 걸까 생각했고, 매일매일이 고통이었어.

그 무렵이었을까? 어느 순간부터 어둠이 포근하게 느껴지기 시작했어. 아무것도 보이지 않아서 나를 아프게 하는 것도 볼 수 없었고, 아무것도 느껴지지 않아서 살아가는 것에 대한 고통도 없었거든. 지금의 내가 되기 전까지 나를 둘러싼 어둠에 숨죽여 울면서 내가 이대로 사라지기를 바라는 날들이 있었어.

그 당시에 다른 무엇보다도 내 마음과 상황을 이해해 줄 수 있는 사람이 없다는 생각이 나를 제일 힘들게 했어. 학교 친구들에게 털어놓아도 내 이야기를 온전히 공감한다는 느낌을 받지 못했거든. 같이 있어도 외롭다는 생각을 매일 했어. 당시 나에게는 하나도 도움이 되지 않았지만 나도 점점 주위 사람에게도 의지하지 않으려고 했던 것 같아.

    그래서 또 다른 나에게는 이렇게 말하고 싶어. 주위에 의지할 수 있는 사람을 여러 명 만들었으면 좋겠어. 나는 여러 프로그램에 참여하고 나와 비슷한 아픔을 가진 친구들을 사귀며 나를 괴롭게 한 마음에서 벗어날 수 있었어. 친구들은 말하지 않아도 나를 알아채 주었고 아무도 해주지 않았던 위로를 해주었어. 같이 새벽까지 밤을 지새우며 서로의 이야기와 고민을 나누고 위로를 받았어. 같이 다녀온 여행에서는 더 깊은 이야기를 나누고 또 다른 가족으로 서로를 묶으며 의지하게 되었지.

    세상으로 나오는 일이 많이 무섭고 두렵겠지만, 세상에는 좋은 사람들만 있지 않겠지만, 스스로 용기를 내고 세상으로 나올 어느 날, 나를 축하해 줄 내가 항상 곁에 있다는 것을 기억해.

    나의 이야기가 어디선가 헤매고 있을 누군가에게 희망이 되기를 바라.

민고 담다

김민교

　분홍색 문고리의 옷장 안에 반듯하게 접혀 있던 반팔 한 벌과 반바지 두 벌. 그렇게 나는 시설에서의 생활을 시작했어. 커가면서도 나의 옷장은 채워지지 않았고 시설 언니들이 입던 낡은 옷만 가득했어. 고등학생이 되어 학원에 다니고 싶다며 엉엉 울던 날이 아직도 기억에 선명해. 돈이 없어 학원에 보내 줄 수 없다는 원장님의 말에 어떻게든 마음을 추스르기 위해 혼자 산책을 가려고 했어. 옷을 갈아입으려고 열었던 옷장은 얼마 되지 않은 옷 때문에 텅텅 비어 보였어. 학원에 다니지 못하는 것보다 입소 때부터 변함이 없는 텅텅 빈 옷장의 상황이 나의 공허를 더 크게 만들었어.

공허함을 어떻게든 채우려고 나는 밤새 공부를 했어. 이전에 제대로 공부하지 않은 탓에 처음에는 아무리 노력해도 성적이 오르지 않았지만, 학년이 높아지고 시간이 지나면서 차츰 성적이 올라갔어. 하지만 공부는 내 공허를 채워 주는 도구였기 때문에 나는 다른 욕심 없이 그냥 나의 상황에 맞는 대학을 찾았어.

대학에 입학한 후 이끌리듯 하게 된 퇴소는 나에게 500만 원이라는 큰돈을 쥐어 주었어. 처음으로 큰돈을 가지게 된 것이 형용할 수 없는 자신감을 만들어 주었어. 다시는 텅텅 빈 옷장처럼 물려받은 옷만 입지 않겠다고 다짐하며 등록금과 기숙사비를 제외하고는 모두 쇼핑에 돈을 쏟기 시작했어. 마구잡이로 산 옷 때문에 한 달 만에 통장 잔고는 5만 원이 되었어. 이후 여윳돈이 생기면 컵라면을 먹으면서도 남들에게 공허하게 보이지 않기 위해 옷을 샀어. 나에게 돈은 옷장의 공허를 채우기 위한 도구였던 거야.

이런 악순환이 반복되는 상황에서 자립준비청년이라는 이

름으로 장학금을 받게 되었어. 300만 원이라는 돈을 받고 처음에는 금방 다 써야겠다는 생각이 지배적이었어. 하지만 막상 쓰려고 하니 300만 원은 학원을 몇 개를 다녀도 다 쓸 수 없는 아주 큰 금액이었어. 그래서 1년 동안 평소 배우고 싶던 일들을 차차 배우며 300만원을 의미 있게 다 썼어.

학원도 다니고 멋진 사람들을 만나면서 내가 얼마나 남과 나를 비교하며 살았는지 느낄 수 있었어. 신기하게도 그런 생각을 하니 남들에게 보이는 모습을 신경 쓰기보다는 나의 발전에 더 관심 가지게 되었고, 자연스레 소비도 나 자신의 성장을 위해서 하게 되었어.

누구나 어릴 때 채울 수 없는 결핍을 가지고 있을 거야. 주체적이고 자립적으로 비추어지는 성인일지라도 어릴 때의 결핍을 안고 살아가며 그걸 채우기 급급해 정작 가장 중요한 성장을 잊어버리기도 해. 하지만 우리가 처음 세상에서 본 것이 낡고 텅텅 빈 옷장일지라도, 그 옷장에 스며든 여러 개의 공허를 경험했다 할지라도 진짜 중요한 건 그 옷장이 아니야.

당신의 공허가 무엇인지 감히 짐작하지는 못하지만, 자립준비청년 선배들의 목소리 덕분에 많은 기회가 열리고 지원 사업이 나오고 있어. 이제 공허함에서 벗어나 인생에서 가장 중요한 것이 무엇인지 깨닫고 한 뼘 더 성장하는 자립준비청년들이 되었으면 좋겠어.

용돌 담다

· 용돌

　자립준비청년 친구들, 안녕. 나는 올해로 자립 11년 차인 용돌이야. 최근 몇 년간 자립준비청년에게 많은 관심이 쏟아지며 다양한 지원 정책도 생기고, 기존의 지원 정책도 강화되면서 자립준비청년이 세상에 발을 내딛는 데 큰 도움이 되고 있다고 알고 있어. 자립을 먼저 한 선배로서 무척 기쁜 일이야.
　이렇게 글을 쓰고 있기는 하지만 사실, 자립 11년 차인 선배치고 내가 여러분에게 해 줄 말이 그렇게 많지는 않아. 각자 자신의 자리에서 최선을 다해 열심히 살아가고 있다는 것을 아주 잘 알고 있는데, 그런 여러분에게 내가 무슨 말을 보탤까.

다만, 내가 생각하는 '자립'에 대해 조금만 이야기해 볼게. 자립自立은 한자로 스스로 '자'에 설 '입' 자를 써서 '누군가에게 예속되거나 의지하지 않고 스스로 서는 것'이라는 뜻을 가지고 있어. 하지만 나는 이 말이 반은 맞고, 반은 잘못되었다고 생각해. 사람이 누군가에게 예속되지 않는 존재인 것은 맞지만, 자립에서 매우 중요한 것은 언제든지 누군가에게 '의지'할 수 있는 능력이라고 생각하거든.

자립은 절대로 혼자서 하는 것이 아니야. 우리는 모든 분야에서 전문가일 수 없고, 살면서 필요한 모든 지식을 다 습득할 수도 없어. 힘든 상황이나 누군가의 도움이 필요할 때, 혼자서 모든 일을 해결할 수도 없어. 그럴 때는 다른 누군가에게 도움의 손길을 요청하는 것이 정말 중요해. 도움을 요청하는 것은 부끄러운 일이 아니야. 어떤 일을 스스로의 힘으로 해내는 것도 매우 중요하지만, 그것만큼 중요한 것이 내가 필요할 때에 언제든 도움을 요청하고 의지하는 것이라고 생각해.

나는 여러분이 혼자 힘으로는 감당하기 힘든 문제 앞에서 혼자 끙끙거리고 있지 않기를 바라. 주변 사람들에게 용기 내어 도움을 청하고, 또 언제든 여러분에게 도움을 청하는 사람을 기꺼이 도울 준비가 되어 있는 사람이 되기를 바라. 언제 어디서나 여러분의 자립을 응원하고 도움을 주고 싶어 하는 사람이 많다는 것을 꼭 기억해!

장건 담다

· 장건

    몇 년 전, 대학에서 일본어를 전공하면서 일본에서의 취업을 목표로 공부하고 있었어. 당시 대학교 3학년이었던 나는 보호연장아동이었기 때문에 시설장님과 주변 선생님들이 해외로 나가는 것을 만류하셨어.

    그럼에도 일본 취업에 대한 꿈을 접지 못한 나는 스물두 살이 되는 날, 퇴소를 결심했어. 그때까지만 해도 무슨 일이든 다 해낼 수 있고 어떤 어려움이 닥치더라도 다 헤쳐 나갈 수 있다고 굳게 믿었어.

    하지만 현실은 녹록치 않았어. 첫 사회생활을 시작한 곳이

국내도 아닌 해외였기 때문에 전혀 예상하지 못한 어려움이 많았어. 가장 힘든 건 인간관계를 맺고 의사소통을 하는 일이었어. 그 외에도 여러 요인과 스트레스로 인해서 결국 국내 복귀를 결심하고, 일본 취업은 대학교를 졸업한 후로 미뤘지. 하지만 예상치 못한 일이 연이어 생기면서 그 꿈은 더 멀어져 갔어. 코로나 바이러스가 전 세계에 퍼지면서 많은 것을 포기하고 달려온 나의 꿈이 한순간에 물거품이 되는 것 같았어.

코로나19 팬데믹이 종식될 때까지 생계를 꾸리기 위해 택배, 아르바이트, 영상 디자인, 공공기관 인턴 등 온갖 일을 하면서 하루하루를 버텼어. 안정적이지 않은 생활에 지친 나는 '내가 정말 하고 싶은 것은 무엇일까?' 하는 생각을 했고, 주변 사람들에게 의견을 구하며 많이 고민한 끝에 '기술을 배워서 그걸 내 직업으로 삼자!'라고 결심했어. 그 결과, 지금은 IT 개발자를 목표로 새로운 꿈을 향해 달려가는 중이야.

지금도 많은 시행착오를 겪으면서 힘들 때도 많지만, 더 나은 미래를 만들기 위해서 긍정적으로 생각하고 행동하려고 노력하고 있어.

살다 보면 방황할 때도 있고 무엇을 어떻게 해야 할지 몰라서 막막할 때도 있어. 그럴 때면 잠깐 주변을 둘러보고 자신에게 시간을 내어 주면 어떨까?

잠잠히 생각하다 보면 길을 찾을 수 있을 거야. 그리고 그 길 끝에서 더 나은 나를 만날 수 있을 거야. 잘하는 걸 하는 것도 좋고, 하고 싶은 걸 하면서 꿈을 이루는 것도 좋아. 자립준비청년들, 우리 같이 힘내자!

준이 담다

· 안준

    안녕, 대구에 살고 있는 사회인 자립준비청년이야. 감사하게도 이렇게 글을 쓸 수 있는 기회가 주어져서 내 이야기를 해볼까 해.

    나는 특별할 것 없는 스물여섯 청년으로, 가정위탁 형태로 2013년부터 2018년까지 위탁가정에서 보호를 받고 그 후부터 지금까지 자립준비청년이라는 이름으로 사후 관리를 받고 있어.

    지금부터 자립준비청년으로서 작게나마 내가 경험하고 배운 것들을 들려줄게.

가장 먼저 하고 싶은 이야기는 주변 환경에 관한 거야. 정확히는 "좋은 환경을 만들자"라고 이야기하고 싶어. 이십 대를 나름 열심히 보내고 있는 지금, 나는 사람이 생각보다 나약한 존재라는 걸 깨닫고 있어.

한 개인이 스스로의 의지로 자신을 둘러싼 환경을 극복하고 그곳에서 자신만의 신념을 지키며 삶을 이겨 나가는 것은 매우 어려운 일이야. 물론 그런 삶을 사는 사람도 분명 있겠지. 하지만 그런 부류의 사람은 자신의 삶에 있어서 '초인' 또는 '영웅'이 아닐까? 그 정도로 어려운 일이니까 말이야. 그래서 나는 '한 개인이 강렬한 동기를 통해 변화를 시도하고 그 변화를 꾸준히 유지해 나갈 수 있는 방법이 없을까?' 하는 생각을 자주 했어. 그리고 그 고민 끝에 결국 개인이 변화할 수 없거나 변화하는 것이 힘들다면, 환경을 변화시켜야 한다는 결론에 도달했어.

나는 2022년 공동창업을 한 후 지금까지 소규모 사업체를 운영하고 있는데, 처음 창업을 한다고 했을 때 오랜 친구와 지인들이 많이 놀라고 의아해했어. 내향적인 성격에 늘 안정적인 삶의 방식을 추구하던 사람이 위험 부담이 큰 사업에 도전했으니 그럴 만도 하지. 하지만 지금은 "진취적이고 사업가답다", "잘 어울린다", "도전적이다" 등의 평을 받고 있어. 그만큼 내가 변화하고 있다는 뜻이라고 생각해. 나 스스로를 돌아봐도 사고방식이나 가치관, 삶에 대한 통찰이 많이 변화했다는 것을 느껴. 생각해 보면 놀라운 일이야.

그리고 마침내 '나는 어떻게 변화할 수 있는가?'라는 질문에 '내가 변화하고 계속 발전할 만한 환경에 놓여 있으면 얼마든지 변화할 수 있다'라는 답을 내놓게 되었어. 사업체를 잘 운영하기 위해서는 꾸준한 고민과 노력이 필요해. 어렵고 힘든 시기를 버티기 위한 강인한 정신력과 의지 또한 필수요소야.

함께 일하는 대표이자 형인 파트너는 늘 진취적이고 도전적이며 가슴 뜨거운 사람이야. 반면 나는 차분하고 계획적이며 계산적인 사람이고. 우리는 상대방의 장점을 배워 나가고 성장하며 서로에게 좋은 인적 환경으로 작용하고 있어. 또한 사업을 하면서 보고 배우고 경험한 것들을 소화하며 다양한 커뮤니티와 네트워킹을 통해 많은 업종을 접하고, 각자 다른 삶의 이야기를 품고 사는 수많은 CEO를 만나고 그들의 강연을 들으면서 계속해서 스스로를 쇄신하고 반성하고자 노력하는 중이야.

이 모든 것이 우리가 스스로 자신의 본 모습을 되찾을 수 있게끔 영감과 동기를 준 환경 덕분이라고 생각해.

주변에 술과 향락을 좋아하는 사람이 많으면 술자리가 많아지고, 게임을 좋아하는 사람이 가까이 있으면 나도 게임을 하게 되지. 말과 행동이 불량한 사람과 함께할 경우 그런 말과 행동이 나에게 전이되는 것도 그런 이치야.

반대로 운동과 자기계발에 힘쓰는 사람이 곁에 있으면 함께 그것을 하거나 적어도 거기에 관심을 갖게 돼. 사자성어 근묵자흑近墨者黑은 "먹을 가까이하다 보면 자신도 모르게 검어진다"는 뜻으로, 사람과 환경을 중요시해야 한다는 의미야. 맹모삼천지교孟母三遷之敎는 "맹자의 어머니가 맹자의 교육을 위해 세 번이나 이사를 하였다"는 뜻으로, 교육과 성장엔 환경이 그만큼 중요하다는 의미로 해석할 수 있어.

결국 연약한 존재인 사람은 개인적인 견해와 경험만 가지고 서는 살 수 없어. 사람은 홀로 살 수 없기에 함께하고 어울리는 소속 집단과의 관계가 필수적이야. 그리고 그 집단과 그 집단에 속한 사람들이 내 삶에 의식적으로든 무의식적으로든 영향을 준다고 생각해. 지금 내 주변에는 사업을 이뤄 나가며 알게 된 많은 거래처 대표들과 네트워킹 등을 통해 알게 된 다양한 업종과 연령의 사업가들이 있어. 과거에는 알지도, 접할 기회도 없었을 사람들이 이제는 공통점을 가지고 서로를 알아가며, 교류하고, 도움을 주고받으며 긍정적인 영향을 미치고 있어.

삶이 만족스럽다면 더 견고하고 아름답게 가꿔 나가고, 불만족스럽거나 변화의 동기가 필요하다면 자신의 주변을 점검해 보기를 바라. 내 주변에 어떤 사람들이 있고 나는 어떤 모임에 속해 있는지를 확인하고, 나 스스로 변화하기 어렵다면 함께하는 그룹과 모임에 꾸준히 참여해서 나를 변화시키는 첫걸음으로 삼았으면 좋겠어.

변화는 늘 도전과 불편함에서 오는 것 같아. 나 또한 많이 부족하고 미비한 사람이기에 계속 나를 불편하게 하고 나를 성장하게 할 수 있는 사람들과 함께하며 서로 상승효과를 주고받으며 성장하고자 해. 모든 자립준비청년들의 삶을 늘 응원할게.

에필로그

우리를 부를 새로운 이름, '용기'

쏘양의 전화 한 통을 받았다. 문득 팀장님 생각이 났는데, 혹시 자립준비청년에게 해주고 싶은 말이 있느냐고, 있다면 시간 내어 적어 주실 수 있겠느냐고 했다.

그의 부탁이 못내 고마웠다. 자립준비청년의 창업을 지원하는 프로젝트를 맡았던 지난 1년, 팀원들과 밤새워 고민했던 치열한 시간을 마치 그가 알아주는 것 같아서였다.

그럼에도, 여전히 어렵기만 한 숙제였다. 프로젝트를 준비하며 나의 테두리를 넘어서고 그들의 삶에 보다 가까이 닿아 보려고 노력했지만 그 노력은 부족하게만 느껴졌기 때문이다.

이런 부족함을 딛고서라도, 괜스레 이야기해 보고 싶은 용기는 '나'에서 비롯된 것이 아니라, 사실 '쏘양과 친구들'의 용기에 빚지고 있다.

용기勇氣란 두려움을 이겨 내고 자신이 하고 싶거나 옳다고 여긴 일을 실천하는 마음이다.

자립준비청년들의 창업 아이템을 함께 발굴하고 고민하는 여정에서 도리어 우리가 배운 것은 '용기'였다는 사실을 이야기하고 싶다. 자립준비청년들의 창업 아이디어는 각각의 개성만큼이나 다양한 모양새로 나타나곤 했지만, 그 안에는 공통적인 '메시지'가 있었다.

"홀로 살아가. 그게 더 편해", 내지는 "너는 혼자야"라고 말하는 세상의 소리에 반격하며, "우리는 누군가를 홀로 두지 않을 거야, 연대할 거야"라고 외치는 메시지가 그것이다.

"나 먼저 생존하기에도, 자립하기에도 급급하다"라고 말하는 어른들을 도리어 가르치는 "세상을 먼저 치유하겠다"라며 공표하는 용기.

그리하여, 내가 만난 자립준비청년들이 치열히 고민했던 창업 아이디어들은 대부분은 자본주의 시장에서 잘 팔릴 상품을 고안해 내는 차원이 아니라, 자신이 옳다고 여기는 일을 실천하는 '용기'의 다른 이름이었다.

이들이 '자립준비청년'이라는 이름으로 불리게 된 지 그리 긴 시간이 지나진 않았다. 그전에는 '보호종료아동'으로, 또는 '시설퇴소아동'으로 존재를 부여 받고 호명되었다.

이제 이 친구들은 세상에서 '불리는' 이름은 벗어던지고, 자신이 부를 자기 이름을 찾아가고 있다. 어른들이 자신을 바라보는 대로, 세상이 규정짓는 대로 살아가지 아니할 용기를 내어 매일 그렇게 나아가고 있다.

이제는 자립준비청년이 아닌, 각각의 다른 이름으로 다시 불릴 쏘양과 친구들을 기다린다.

이 친구들이 옳다고 여기는 일들을 매일 용기 내어 하다 보면, 조금 더 살아 봄직한 세상이 올 것을 믿는다.

빛이 되는 슬픔도 있다고 삶으로 말하는 친구들 앞에서, 조금은 더 괜찮은 어른이 되기를, 그리하여 같이 새로운 날들을 맞이하자고 말할 우리를 기다린다.

_쏘양을 응원하는 **김애니**

저자의 말

　자립준비청년 사회적 인식 개선으로 시작한 마이리얼캠페이너 프로젝트는 홀로서기가 아닌 함께 서기를 배울 수 있었던 기회였으며, 둘러보니 무수히 많은 이들의 응원 속에서 살아가고 있었던 걸 느끼는 계기였다.
　지칠 때 위로를 받으며 내 존재가 살아있음을 느꼈고, 울타리가 되어 주고자 했던 멋지고 따뜻했던 어른들을 만나 행복한 순간들로 살아가며 나를 사랑하는 과정을 담기도 했다.
　자립준비청년들은 어려운 사람을 보면 돕고자 하는 마음이 있다. 그건 비슷한 어려움을 겪어 봤기에 이해하고 공감할 수 있기 때문일 것이다.
　자립준비청년들의 마음을 들여다보는 어른들이 많았으면 좋겠다. 자신의 잘못이 아니라고, 그러니 부끄러운 것도 아니라고 따뜻한 말 한마디 해주는 멋진 어른들이 곁에 있었으면 좋겠다.

저마다 자신을 담은 이야기를 용기 내어 이 책에 담았다. 이 책이 글쓴이와 독자 모두 저마다의 길에서 새로운 용기를 불러 일으키고, 잠깐 쉬어 갈 수 있는 언덕 나무 그늘과 달빛 아래 어두운 길을 밝히는 작은 등불이 되길 소망한다.

우리를 담기 위해 쓰였던 페이지들이

우리를 넘어 당신께

작은 위로와 희망이 되기를…

_ 마린보이, 쏘양, 태리, 트리버

NGO 희망친구 기아대책의 자립준비청년 당사자 프로젝트 〈마이리얼캠페이너〉의 박태양 캠페이너는 네 명의 자립준비청년들과 함께 '우리는 자라온 환경이 다를 뿐, 모두 누군가의 자녀이며 사랑받을 사람입니다'라는 메시지를 전하고자 책을 통한 인식개선 프로젝트를 진행했다. 이 책이 바로 그 열매이다.

기아대책 홈페이지 https://www.kfhi.or.kr
기아대책 인스타그램 https://www.instagram.com/kfhi_official
기아대책 블로그 https://blog.naver.com/hungersaver
기아대책 유튜브 https://www.youtube.com/hungersaver

아름 담다
자립준비청년들의 '나'를 담은 에세이

초판 1쇄 인쇄 2024년 6월 5일
초판 1쇄 발행 2024년 6월 26일

지은이 마린보이 쏘양 태리 트리버
기획 희망친구 기아대책
편집 김선희
교정 김요섭 윤보라
디자인 정선형
표지 일러스트 이나영
제작 이광우
총무 이성경
인쇄 한국학술정보㈜

펴낸곳 템스토리
주소 인천 중구 흰바위로 59번길 8, 1036호
전화 032-752-7844
팩스 032-752-7840
이메일 tembook@naver.com
홈페이지 tembook.kr
출판등록 2022년 2월 7일 제 2022-000006호.

ISBN 979-11-978060-2-5 03810

* 템스토리는 교육에 새로운 희망을 주는 출판사 템북의 문학서 임프린트입니다.
* 이 책은 기아대책 자립준비청년 당사자 프로젝트 〈마이리얼캠페이너〉의 일환으로 제작되었습니다.
* 이 책의 인세는 자립준비청년의 온전한 성장과 자립을 지원하는 기금으로 전액 기부됩니다.